山口明雄
やまぐち あきお Access East股份有限公司董事長

結論說得漂亮，說服力100%

誤解されない話し方、炎上しない答え方 38個不被誤解的說話技巧，
活用「倒金字塔說話術」人際溝通無往不利

周若珍——譯

前言

你說的話，總是被誤解，為什麼？

無論在職場或家庭，我們都想和周遭的親友或同事們心靈相通，維持良好的人際關係。然而對許多人來說並不是一件容易的事。為什麼身邊的人無法理解自己呢？為什麼自己所說的話或所做的事，會被旁人誤解呢？相信一定有不少讀者如此自問。**所謂的「誤解」就是對事物、詞彙、事實、態度等，做出錯誤的理解或解釋。誤解的原因五花八門，其中最單純的就是「聽錯詞彙」**。據說西南戰爭（編註：由西鄉隆盛率領之叛亂，為日本明治維新期間最後一次內戰）爆發的原因之一，就是聽錯了一個單字。

知識不足、先入為主，都會讓溝通失誤

「一名隸屬明治政府的警官潛入鹿兒島後，遭到士族逮捕。在拷問下，他表示自己潛入鹿兒島的目的是『視察』，沒想到卻被聽成『刺殺』（編註：日文中「視察」音同「刺殺」，皆為「しさつ」），士族便誤以為政府打算暗殺西鄉隆盛。」不論這段軼事是否屬實，但實在是個引人發噱的誤解。

有些誤解則肇因於聽者自己先入為主的觀念。我曾遇過有人真的將「加齡臭」誤以為是「咖哩臭」（編註：「加齡臭」即俗稱的「老人臭」；日文中「加齡」音同「咖哩」，皆為「かれい」）。

有時「不知道」該詞彙或事實，也是造成誤解的因素。有位專門利用藥物侵蝕紅酒杯表面、在酒杯上施以裝飾的玻璃工藝名家，每次在各種公開場合中提到「蝕刻（etching）真是美妙呀」時，在場的學生都會不停竊笑。這位名家告訴我，他終於明白為什麼了——因為學生並不具備玻璃蝕刻工藝技巧「etching」的相關知識，因此想到別的地方去了吧。像上述這些聽錯、先入為主、知識不足

等，問題都是出在聽者的誤解。

另一方面，也有不少肇因於說話者的誤解。例如：

- 說話時措辭不明確。
- 使用抽象的表達方式。
- 自認為彼此有默契。
- 大量使用模糊的措辭，為自己預留退路。
- 太顧慮對方的立場，說話有始無終。
- 拍對方馬屁。
- 先認可對方的話，隨即又反駁對方。
- 先慰勞對方，隨即又責罵對方。

這些都跟說話者的態度有關，而且是進一步成為被誤解的原因。在本書〈倒金字塔說話術的十個提示〉（87頁）將會具體說明。

有聽沒有懂？原來是「說話順序」出問題

引發誤解的原因，除了說話者的態度外還有許多因素。事實上，若是說話方式的「結構」出問題，更會讓自己想傳達的意思被對方誤解。所謂說話方式的結構，就是「說話順序」。

我們一般說話都是按照「時間順序」，也就是事情發生的先後順序。小說、相聲等故事，基本上都是按照時間順序來敘述的。因此，按照時間順序進行的說話方式，也可稱為「故事型」。電影或電視劇等的故事，也大都是以故事型的方式演出。我們從小學習的寫作基本方式「起承轉合」，也是「時間順序」的架構。「故事型」是最自然的說話方式。但是這種說話方式其實很容易引起他人誤解。在第一部〈倒金字塔說話術〉中將會透過舉例詳細說明。

為了避免被誤會，我們不能按照事情發生的順序敘述；從重點開始敘述，才是最佳的說話方式。換言之，只要把平常依照「時間順序」的說話方式，改為依照「重要程度順序」的說話方式，就能大幅減少誤解的產生。

一百多年前，美國就出現一種依照重要程度順序撰寫新聞報導的模式。這是一種劃時代的文章結構，在首段先闡明該則新聞的概要，讓讀者更容易理解詳細的內容。這種文章結構被稱為「倒金字塔」，現在包括日本在內的世界各國，都視之為報導文體的標準。其後，仿照這種文章結構、依重要程度順序來敘述的說話方式，也被稱為「倒金字塔」。

從「重點」開始說，傳達訊息更聚焦

倒金字塔的文章結構中，其實隱藏著許多工夫。為了避免誤解產生，倒金字塔結構裡設有重重關卡。本書也會針對這一點詳細地說明。

各位聽過「媒體訓練」嗎？用一句話簡單解釋，就是「面對媒體專用的說話方式訓練」。在日本，許多企業都在進行這樣的訓練，做為危機管理媒體記者會（也就是道歉記者會）的演習。筆者在這十七年來，已針對三千五百多位企業及團體的經營者、主管、公關部門人員、政府高官、財政界的高層等，進行媒體訓練、簡報訓練、商務談話訓練等。在媒體訓練中，最重要的就是透過訓練學會倒金字塔的說話方式。

訓練說話方式的過程中，當然也包括回話方式的訓練。在這裡可以學到如何一邊回答記者提出的尖銳問題，同時堅定自己的立場。而祕訣其實就是活用「倒金字塔」明快地闡述自己的主張，不會被誤會的回話方法，將在本書的第二部「不引來圍剿的冷靜回話術」中詳述。

簡報、會議、面試，都適用「倒金字塔說話術」

所謂的「網路霸凌」就是眾多網友針對某人在部落格或推特上的發文，大舉留下責怪、誹謗、中傷等留言，使該發言者面對輿論圍剿的情況。光是這幾年，就有數不清的經營者和政治家因為不當發言被媒體過度報導，而導致公司倒閉，或是因為失言丟掉官位。

在媒體前引起網路霸凌的幾乎都是公眾人物，但是在社群媒體上，每個人都有可能成為網路霸凌的受害者。截至二〇一二年為止，光是推特，在日本的帳號數量就有約三千萬個。根據日本總務省的調查，目前日本國內定期更新的部落格約有三百萬個；而到二〇一一年為止，共有約兩千七百萬人擁有部落格。

避免不當發言及失言的媒體訓練，是專門針對「回話方式」特別設計的訓練。因為毫無準備就回答記者的提問，或是被記者誘導而脫口而出的言詞，經常會被媒體報導為不當發言。本書提供的技巧相信對於避免在社群媒體中引發網路霸凌，也一定非常有幫助。

「倒金字塔」是一種對於經常在人前說話的商務人士特別有益的說話技巧。負責在網路上應對顧客的公關部門人員亦可應用；正準備接受求職面試的學生們，必定也能有所收穫。另外，我也衷心期盼，因為不明白自己所說的話為何無法明瞭地傳達、為什麼老是被誤解而煩惱的讀者們，這本書能助你一臂之力，讓實力能夠充分發揮，為自己的人生開創更多可能性，將令我感到無上的喜悅。

山口明雄

第1部 不再被誤解的「倒金字塔說話術」

PART 1 「倒金字塔說話版型」第一句就吸引人

PART 2 說出驚艷開場白的「導言」與「細目」

PART 3 如何用倒金字塔撰寫《浦島太郎》？

PART 4 「倒金字塔說話術」的十個版型

PART 5 實際演練「倒金字塔說話術」

第2部

不引來圍剿的「倒金字塔回話術」

PART 1 網路圍剿與媒體圍剿

PART 2 「圓融說話、精準回答」立刻說服各種人！

PART 3 「令人傷腦筋的問題」這樣回話就對了！

PART 4 冷靜回話，說服各種人的五大關鍵

PART 1

「倒金字塔說話版型」第一句就吸引人

01

什麼是「倒金字塔說話術」？

逆轉說話順序，先說「結論」更精采

倒金字塔（inverted pyramid）顧名思義是指顛倒的金字塔。頂點在最上方，把它顛倒之後，頂點就變成巨大的四角底座。延伸運用在日常生活中，**從大事到小事，按照事情的重要性陳述，就是所謂的「倒金字塔」**。

「倒金字塔」也是電視、報紙等媒體在報導寫作時的國際標準。不僅如此，更有人把它視為一種淺顯易懂、不會被誤解的文章體裁，廣泛地應用在論文、簡報、企劃書、E-mail、部落格等撰寫。在擔任媒體訓練講師時，我也經常傳授「倒金字塔說話術」幫助大家培養不會被誤會的說話方式，請看左圖。

「倒金字塔」的說話結構

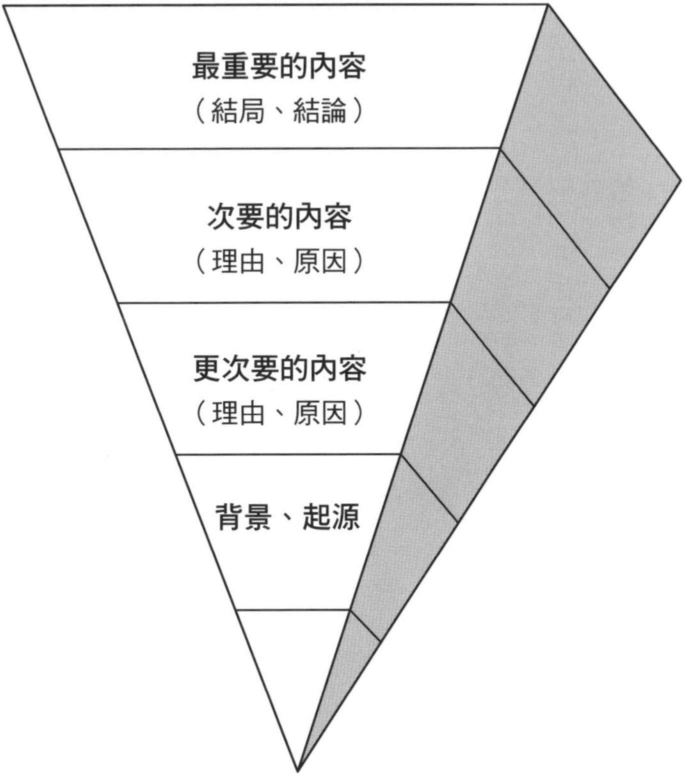
最重要的內容
（結局、結論）
次要的內容
（理由、原因）
更次要的內容
（理由、原因）
背景、起源

簡言之，**倒金字塔就是先說出最重要的「結論」，緊接著再說出「第二重要」的內容，通常我們會在這時說明造成結論的理由及原因。**然後才是第三重要的內容，接著再敘述更次要的內容……依此類推。

別以為這個很容易，有位擔任小學老師的朋友曾告訴我，對於小孩來說，倒金字塔的說話方式非常困難。聽說他有一回帶著四年級的小學生遠足，回程時，一頭山豬從旁邊狂奔而過，這個畫面當場讓大家驚訝不已。隔天，他要求孩子們以「我遇見了山豬」為題目寫一篇作文。雖然老師有引導學生可以先寫出自己「印象最深刻」的地方，但幾乎全班同學還是從「出發去遠足」開始寫起。依照早上起床、學校集合、跟同學一起走出校門、吃午餐……流水帳式的敘述；至於看見山豬被嚇一跳的事情，都被學生放到作文的最後才出現。

由此可知，按照時間順序說話是最自然的表達方式，平時我們常不自覺地使用這種方式說話。但是，**當我們想表達一件會讓對方感到驚訝的事情時，又會很自然地使用倒金字塔敘述**。就像下頁的例子。

範例

「**我的車被撞了！**對方是一輛計程車，他根本沒看紅綠燈就一頭撞上我的車門。我們兩台車都嚴重凹陷，幸好沒人受傷。那是今天早上十點左右發生的事，當時我才剛收完貨回來。就在店外面那個十字路口撞到。後續的處理真是累人。總共來了四輛警車，還有一堆人在旁邊圍觀。我一直處理到下午，才總算能回去上班呢。」

說話者一開始先說出「我的車被撞了」這個結論，接著再說明「一輛計程車根本沒看紅綠燈，一頭撞上我的車門」這個理由，最後再依照對方認為重要的順序來敘述車禍的始末。這就是倒金字塔的說話方式，不過在日常生活中，我們卻極少使用這種方式來敘述事情。

02

「倒金字塔說話術」的優點

讓結局先登場，說服力道最強

相信各位已經明白只要開宗明義指出事情的核心訊息，在第一時間就提出結論，就能讓對方快速地理解內容。同時不會讓人誤解話中的重點。**而且倒金字塔在資訊傳達速度、印象度等方面，也勝過其他的表達方式。**

究竟為什麼「開門見山地說出結論」就不會產生誤解呢？舉例來說，向主管報告專案進度時，主管通常已經很清楚專案的整體架構和背景。在這樣的前提下，主管詢問下屬關於「針對夏季高需求量而研發的新產品，何時可投入市場」的問題。這時候如果下屬採取「時序性」的敘述，就很容易引起誤解。

範例

按照「時間順序」說話，最容易被誤解

【問題】什麼時候可以投入市場？

【回答】試驗品的研發進度落後，聽說還要二個月，也就是大概在五月才能完成。接下來，我們會針對試驗品進行安全性檢測，並著手設計生產線，大約三個月後便能開始量產。這麼一來，就要到八月底才能出貨了。這樣是趕不上高需求期的。我們正在想辦法提早出貨。首先我們會將投入試驗品研發的工作人員增加一倍，並且在每個階段都進行安全性檢測，生產線方面，可依照試驗品的設計圖來打造。**這樣一來，我想我們就可以趕在七月初出貨了**。在上述例子「我想我們可以趕在七月初出貨」這個結論，一直到最後才出現。也許各位會認為，既然都在最後說出結論了，怎麼還會被誤解呢？但事實並非如此。一旦將結論放在最後，遭到誤解的機率就會大幅提高。

一個結論二種說法，說服力道完全不同

為什麼呢？因為主管已經先得到「試驗品研發進度落後」的訊息，在這個前提下，從下屬解釋造成「進度落後」的原因開始，一直到「我想我們可以趕在七月初出貨」的結論，**中間的空檔等於提供給主管胡思亂想的時間，也就是發揮想像力的空間**。

假如主管很擔心新產品無法如期投入市場，那麼在這段時間內，他便會因為過於擔憂而想像許多負面的狀況：「正如下屬所說，試驗品的研發進度落後確實是個嚴重問題」、「為了提早出貨而想出來的對策，怎麼看都像是應急」、「那些對策應該無法全部順利進行吧」。

這麼一來，即使最後聽到「我想我們可以趕在七月初出貨」的結論時，主管恐怕早已產生先入為主的觀念，**依照自己的想像，將結論理解成「對策必須全部順利、條件也都齊全的狀況下，才有辦法在七月初出貨」**。

還有一種情況，雖然是一樣的回答，但仍會造成對方產生完全相反的理解。

假設主管認為「在七月初出貨是首要之務」，那麼在結論出現之前，主管可能會想像出符合自己期望的正面情境，如「試驗品的進度雖然落後很多，但我們必須想辦法解決」、「每個對策都是可以確實執行的」、「對策都很棒。一定會非常順利」等。這麼一來，主管對於「我想我們可以趕在七月初出貨」這句話有了正向解釋，**可能會過度樂觀的將結論理解為「新產品確定可以在七月初出貨」**。

別留給對方胡思亂想的空間

換句話說，按照時序性的說話方式，容易因為對方先入為主的想法，讓同一個結論產生不同的理解。從「只有在對策順利進行的狀況下，新產品才能在七月初出貨」到「因為已經想出了對策，所以新產品必定可以在七月初出貨」，兩者差距很遠，而且都不是說話者真正想傳達的訊息。

在這種狀況下，無論是哪一種解釋，都有可能引起誤解。因為下屬想表達的既不是「假如對策進行得不順利，便很難在七月初出貨」，也不是「我們準備了萬全的對策，在七月初出貨已經是定案了」。**他可能只是想敘述「透過採取一些對策，我想我們可以趕在七月初出貨」而已**。因此無論是何種解釋，都是對方先入為主的理解，也就是說話者的原意遭到了誤解。

電影常會按照時間順序說故事，原因是這樣能讓觀眾在觀賞時，有想像的空間和樂趣。隨著故事的發展，觀眾會一邊想像著「接下來是不是那樣？會不會這樣呢？」因為未知而感到緊張和期待。即使如此，因為每個人的想像力不同，也可能對結局產生不同理解。有人會認為「太好了，跟我料想的一樣。主角最後應該會過著幸福快樂的日子吧。」，也有人會認為「真遺憾。這樣主角不是太可憐了嗎？」明明是相同的結局，根據每個人的想像力卻有不同詮釋。

不想給對方有先入為主的想像空間，有什麼好辦法呢？只要採取不讓對方有機會發揮想像力的說話方式即可。絕對不能到最後才說出結論，這就是倒金字塔——依照「重要性」說話的表達方式。

範例

一開始就說「結論」，才有說服力

【問題】什麼時候可以投入市場？

【回答】以目前的狀況看來，我想我們可以趕在七月初出貨。我們會將投入試驗品研發的工作人員增加一倍，並且在每個階段都先進行安全性檢測，至於生產線，則會依照試驗品的設計圖打造。這麼一來，應該就能彌補之前試驗品研發時落後的進度。假如不採取任何補救措施，試驗品要到五月完成，八月底才能出貨，就無法趕上高需求期了。

一開始先說結論，主管的想像力就沒有發揮空間。這麼一來，在結論後面的資訊，全部都會被理解為針對結論「補充說明」。

就算主管擔心新產品無法如期投入市場，也沒有發揮想像力的空間，只能根據結論來推測「以目前的狀況看來，我想我們可以趕在七月初出貨」。萬一主管還是不放心，也會主動詢問：「萬一對策進行得不順利，你打算怎麼辦？」

倒金字塔的回答方式，既不會造成對方擅自做出解釋，還能引導對方進行確認。而「確認」這個步驟，正是避免誤解的最佳方法。

即使認為「在七月初出貨是首要之務」的主管，在聽取簡報的過程中，也無法任意發揮想像力，他或許會進一步詢問：「你的意思是說，我可以當作七月初一定能出貨囉？」這時候，**下屬就能把握機會，更明快清楚地傳達自己的想法**。

雖然按照時間順序報告，主管也可能會提出問題，但是因為這當中給了主管發揮想像力的空間，所以主管的提問可能會帶有預設立場。有沒有帶著預設或偏見的提問，兩者是天壤之別。假設主管已經有預設立場，提出的問題大多只是想確認他的預設答案是否正確。一旦產生了誤解，想要澄清就會變得更困難。

03

改變說話順序的關鍵

大腦先想答案，克服說話恐懼

為什麼我們總是依照「時間順序」，而非「重要性」說話呢？如何才能成功反轉？以下三點是關鍵。

❶改變「起承轉合」的說話慣性

首先是「習慣」，我們從小到大學習寫作的基本方式就是「起承轉合」。日常生活的對話、小說、電影、相聲、連續劇、紀錄片等，大部分也都是用起承轉合的方式敘述。在撰寫倒金字塔的文章時，我們有時間可以思考，所以不難辨到，但是平常對話或接受提問時，突然要從結論開始敘述，因為違反習慣，所以產生難度。想要成功說服他人，就必須隨時抱持著「把順序顛倒過來，再開口說話」的意識，並且持之以恆。

❷事前充分準備，減少思考時間

沒有事先準備，也是不擅長從結論開始敘述的原因之一。比方在商務談話、記者會或求職面試時，我們都會猜題，然後事先準備答案。只要腦袋裡面有答案，就比較容易有意識地從最核心的資訊（也就是結論）開始敘述。如果碰到出乎預料之外的問題時，就必須當場思考答案了。也就是說，**我們必須先在腦中整理答案，才有辦法說出結論**；但是在思考的過程中，我們不可能一直保持沉默，就只好說明事情的起源或背景。

進行媒體訓練時常看到類似狀況。本來用倒金字塔順利應答的人，突然開始說明背景或其他細節，代表他正在思考答案。像這樣只是動動嘴巴，隨口而出的內容，最容易引起誤解。應付這種狀況的完美對策就是在事前思考所有可能被問到的問題，關於這部分我將在第二部詳細說明。

❸針對結論強化信心

第三點也是商務談話和媒體訓練中常見的狀況，**雖然知道答案，但是對內容沒有信心，導致無法貫徹倒金字塔的敘述**。以前面範例來說，「如果新產品沒在七月初出貨，就會滯銷」的後果，下屬其實心知肚明。換句話說，七月出貨必須是唯一的結論。為了加速研發，他雖然已經事先安排各種對策，盡全力補救。但是否真能如期出貨，他其實也沒把握。

在這種情況下要說出「我想我們可以趕在七月初出貨」的結論，確實需要很大的勇氣。這也是為什麼人們總會不自覺地先從背景開始說明，因為假設先說出狀況有多艱難，萬一事情的發展不如原來提出的結論時，就能找到脫罪的藉口。

實際上，**按照順序的說話方式，反而更容易給對方恣意解釋的空間**。主管聽完之後，可能以為「七月初出貨有困難」，也可能覺得「太好了，我們就決定七月初出貨吧！」不管是哪一種解釋，全仰賴對方的想像力。如何回答才是上策呢？相信不用我贅述——在第一時間傳達「我們的目標是在七月初出貨，但沒有確切把握」就是最好的說法。

範例

「倒金字塔說話術」讓溝通更順暢

【問題】什麼時候可以投入市場？

【回答】**目標是在七月初出貨，但是以現狀看來，還無法確定能否達成**。我們會將研發試驗品的工作人員增加一倍，並在每個階段都先進行安全性檢測，而且生產線會依照試驗品的設計圖打造。希望能彌補試驗品研發落後的進度。假如不採取任何補救措施，試驗品要到五月才能完成，這麼一來得等到八月底才能出貨，就趕不上高需求期了。

04

如何活用「倒金字塔」說話？

聽者是誰，決定你該先說什麼

第一次接觸「倒金字塔」這個名詞是在高三的時候。當時我在美國奧勒岡州某高中留學，有一次上英語課（也就是他們的國文課），老師臨時要求學生們進行辯論。

「同學們都聽過倒金字塔吧？小學就學過了對不對？今天請大家實際運用倒金字塔，各自提出論點，知道了嗎？」說完之後，老師也沒有特別說明倒金字塔究竟是什麼，就直接將全班分成二組，要大家開始進行辯論。當時辯論的主題是「民主主義和共產主義，何者較佳？」。

那次的辯論，對我來說是前所未有的體驗。不只是因為第一次參加辯論，也因為當時我完全不懂什麼是倒金字塔。老實說，當時心裡最大的感想是：「美國人上課的方式好奇怪！」

國外從小就教育孩子，從「重點」開始說話

我甚至懷疑美國人是不是真的在小學就學過倒金字塔，當天回到寄宿家庭之後，馬上問還在念小學五年級的妹妹：「倒金字塔是什麼意思？」沒想到她立刻回答：「就是從重要的事情開始說的意思喔！」真的讓我大吃一驚。

後來我才知道，美國早在一百多年前就開始利用倒金字塔的觀念，教導孩子如何「從最重要的事情開始說話」。

在《以言語戰鬥》（編註：日文書名《言葉でたたかう技術》）這本書中曾提到，美國幼稚園會安排「Show and Tell」的課程，訓練孩子在公開場合說話。老師會透過遊戲，像是讓孩子拿著照片，用簡單易懂的方式對班上同學說明照片裡

面的東西，並且回答大家的問題。據說在全美各地都有類似的課程。

我雖然沒有實際看過「Show and Tell」的課程，但是能夠想像美國的孩子就是透過這樣的課程，學習「從重要事情開始說」的倒金字塔說話法。大多數的美國人**從幼兒時期就開始透過遊戲，學習如何面對一群人說話，包括簡單的演講。**長大後在小學、中學、高中和大學階段，也陸續學習各種說話的技巧及演講、辯論的練習。

二〇一二年的美國總統選舉，全美約有六千七百萬人收看歐巴馬和羅姆尼第一次辯論會的電視轉播。事後民調被批評議論不夠鞭辟入裡的候選人歐巴馬，支持率從起初的優勢一直降到五五波，甚至在辯論會後更是大幅下降。但是在第二次、第三次的辯論會，開始轉守為攻的歐巴馬大獲好評，因此贏得了勝利。

一開始就說結論，回答反駁都能佔上風

我自己也有類似的經驗，和美國同事或下屬議論事情時，常會有居於下風的感覺。即使我提出「那樣太牽強了」、「這是雞蛋裡面挑骨頭」、「你只是在模糊焦點」、「我們不要在口頭上爭執，講真心話吧」以上種種抗議都沒有用。因為美國人可是從幼稚園就開始訓練辯才，要贏他們還真不容易呢！

老實說，我也不是完全尊敬他們的口才，有時甚至很討厭他們辯才無礙的特徵呢！但無論如何，在辯論中「口才好的人就佔上風」的事實，的確存在於我們的生活、職場，當然也包括國際間的交流。順帶一提，前面所說的辯才，基本上和我的英語能力無關。因為就算我和美國同事用日語辯論，我也很少能佔上風。

美國人運用倒金字塔的說話方式，總是讓我不禁感嘆「太厲害了！」。他們習慣用倒金字塔的方式直接表達論點；**不管是回答或反駁，都是從重點開始論述。如果我們按照時間順序和他們議論，馬上顯得軟弱無力，根本沒有勝算。**

「倒金字塔」不只是說話方式，更是一種商務哲學

不只如此，倒金字塔也是做生意的哲學之一。「倒金字塔型組織」本身就是一種企業組織的型態，指的是「由下而上（Bottom-up）」，而非「由上而下（Top-down）」的組織。最重要的底座部分是顧客，而最下方則是企業的負責人。包括將客戶的互動視為企業起點的資生堂、永遠堅持顧客至上的連鎖飯店The Ritz-Carlton，都是以倒金字塔型組織作為經營核心的代表企業。

記得美國航空首度開啟日美航線之初，當時美國航空的董事長羅伯特．柯蘭多先生曾數度訪日，而我負責擔任公關顧問，協助安排記者會等事務。

柯蘭多先生是美國航空業界最具代表性的革新派經營者，在媒體應對方面，他也是全美頂尖企業人士當中的佼佼者。據他自己表示，三十多年來，每年仍平均接受四次媒體訓練。我好奇地問他：「您都已經被譽為媒體應對名人了，為什麼還要進行這麼多次的訓練呢？」他回答：「這是為了切換啊。」接著又告訴我以下這段話。

如果主管要開除下屬，怎麼說最人道？

「我在進行商務溝通時，全都刻意使用倒金字塔的方式來敘述，包括跟下屬談話、開會、演講、製作文書、信件往來等。當然在接受媒體訪問時也一樣。因為用倒金字塔進行溝通，雙方不會產生誤解又有效率，讓事情順利進展。但是回家之後，我就會按照時序性，用比較自然的方式說話。不只家人，跟朋友閒聊時也是如此。像這樣每天要進行切換，其實比想像中還要困難。如果疏於練習，很容易就會混亂，所以我固定每三個月接受一次訓練，幫助自己釐清倒金字塔和時序性敘述之間的差異。」

隨後，他舉了一個例子。「如果我有一個忠實又有才華的下屬，名字就叫查理好了；假設我非得開除他不可。如果我用時序性敘述，從背景、原因開始講，在他聽到『我要開除你』這句結論前的二十分鐘，我想他的心情大概就像接受拷問吧。不只是這樣，若是使用時序性敘述，在說出結論前，我必須說明開除他的理由，還要誇讚他對公司的貢獻。這麼一來，**查理在聽到最後『被開除』的結論**

時，或許會以為還有一絲希望。所以一開始就先說出結論，才是比較人道的。假如我用『很遺憾，你被開除了。今天是你最後一天上班。來開頭，就能避免之後的拷問。在說完結論後，我就可以充分地對查理至今的貢獻表達感激之意。

克服溝通怯場，隨時提醒自己「講重點」就對了

然而回到家，我就不能從結論開始對家人說明這件事。假設查理和我的家人也很熟。要是我突然對妻子說：『我今天把查理開除了』，她說不定會心臟病發吧。在家時，多數的情況最好是透過時序性敘述，從背景、起源、進展、理由到結論依序說明，才能維持家中的和平。」

柯蘭多先生擔任美國航空高層長達十三年。他在美國航空產業因為管制解除而積弱不振的當時，首度採用飛行常客獎勵計劃（Frequent Flyer Program），並將預約系統升級為優異的促銷系統，實施各種創新的經營方式，不只是對美國航空，對整個美國航空產業的復興，都具有相當重要的貢獻。

如此卓越的生涯成就，相信對柯蘭多先生來說，倒金字塔不只是單純的商務溝通方式，更是從重要的事情開始，依序果敢執行的商務哲學。

如果沒有機會接受媒體訓練，建議各位從自我練習開始。最簡單的方法是**將問題和結論寫在紙上，先唸出題目，然後不看紙張，自己說出答案——這樣的練習相當有效**。不只是結論，就連其他的事情，也可以試著依照重要性的順序進行敘述。

還有一個速成方法，每次要發表簡報或開會前，嘴裡默念幾次「倒金！」提醒自己講重點、講重點。別以為這是玩笑話，真的有學員曾寫信跟我分享，他每次公開說話之前都會在心裡默念「倒金、倒金、倒金」，這麼做確實幫助他克服了自己最大的缺點。想學會不被誤解的成功說話術，其實一點都不難，最重要的就是從日常生活中開始練習，並且持續有意識地要求自己充分運用「倒金」，從「重點」開始說就對了。

PART 2

說出驚艷開場白的「導言」與「細目」

01

什麼是「雙層倒金字塔」？

缺乏共識，先說結論反而讓人糊塗

在任何狀況下都能使用「倒金字塔」來溝通嗎？答案是「不」。面對「雙方擁有共同資訊」或「雙方沒有共同資訊」這兩種情況，我們必須使用不同類型的倒金字塔。所謂「雙方擁有共同資訊」包括同事、主管、家人或朋友也就是討論共通話題時，只從最重要的事情開始講。就像前一章提到的新產品專案範例，有時甚至連事情的起源和背景都不必交代。相反的，如果是「雙方沒有共同資訊」的情況，例如要向公司其他部門的同事說明專案時，假設對方並不清楚細節，或是準備推銷一款全新的產品給顧客這類情況。

從零開始溝通，如何讓對方一聽就懂？

在求職面試時，面試官即使讀過面試者的履歷，也無法得知面試者的想法和能力；與主管、同事、朋友之間，也必定有許多第一次聊到的話題。**當雙方沒有共同資訊時，如果一開始就說出結論，對方將無法理解話中的意義**。假設我們對一位腦袋裡只有業績，從來沒想過宇宙起源的主管說了以下這段話：

◯一般「倒金字塔」的說話方式

「聽說科學界終於發現了疑似希格斯玻色子的基本粒子呢。這是由世界各國共六千名科學家共同進行大型實驗後所獲得的成果。實驗中，科學家們創造出足以匹敵大爆炸後的巨大能量，將希格斯玻色子碰撞出來。聽說他們為了創造出這個巨大能量，使用了圓周和日本地鐵山手線差不多大的巨大加速器呢。」

同一件事情，不見得要用一樣的順序說

在這段敘述中，先提出了「科學界終於發現了疑似希格斯玻色子的基本粒子」這個結論，接著說明理由為「由世界各國共六千名科學家共同進行大型實驗後所獲得的成果」，最後才說出對對方可能比較重要的實驗設備。這是正確的倒金字塔說話方式，假如對方很清楚什麼是希格斯玻色子，像這樣依照重要性來敘述便很恰當。

然而，當對方不具備關於希格斯玻色子的知識，也不懂發現希格斯玻色子是多麼了不起的事情時，就算聽到最後，也無法明白這段話的意義。**當雙方沒有共通資訊時，即使用倒金字塔敘述，也必須在一開始說明事情的起源和整體概要。**

換句話說，也就是將接下來要說的事情先簡要地統整出來。

範例

沒有共同資訊時，必須採用「雙層倒金字塔說話術」

「聽說科學界終於發現疑似希格斯玻色子的基本粒子呢。這是由世界各國共六千名科學家共同進行大型實驗後所獲得的成果。

四十年前，有位名叫希格斯的科學家提出了一個假設：給予物質重量、形成宇宙萬物的基本粒子，應該遍布於宇宙之中。這就是所謂的希格斯玻色子。不過多年來，科學家們都找不到它的實際樣貌。

最近科學家們做了一個從空間碰撞出希格斯玻色子的實驗。這個實驗需要一種足以匹敵大爆炸後的巨大的能量，聽說他們為了創造出這個巨大能量，使用了圓周和日本地鐵山手線差不多大的巨大加速器呢。」

說話加入「導言」，更容易讓人理解

像這樣先簡潔地交代事情的起源和整體概要後，再詳細說明巨大實驗設備以及日本科學家的貢獻，便能讓沒有共同資訊的人也能聽懂這段話。這種倒金字塔的概念正如下頁圖表，是一種雙層構造的倒金字塔。

在撰寫時最大的原則，就是必須替讀者設想，**使用讓沒有共通資訊的人也能理解的方式撰寫。新聞報導的體裁，打從一開始被創造出來的時候，就呈現雙層倒金字塔的構造**。正因如此，雙層倒金字塔有時也被簡稱為「倒金字塔」。

當我們必須強調「雙層」時，則可說「附導言的倒金字塔」或是「新聞體裁」。如同字面上的意思，這也就是撰寫新聞報導時所使用的體裁。

「雙層倒金字塔」的說話結構

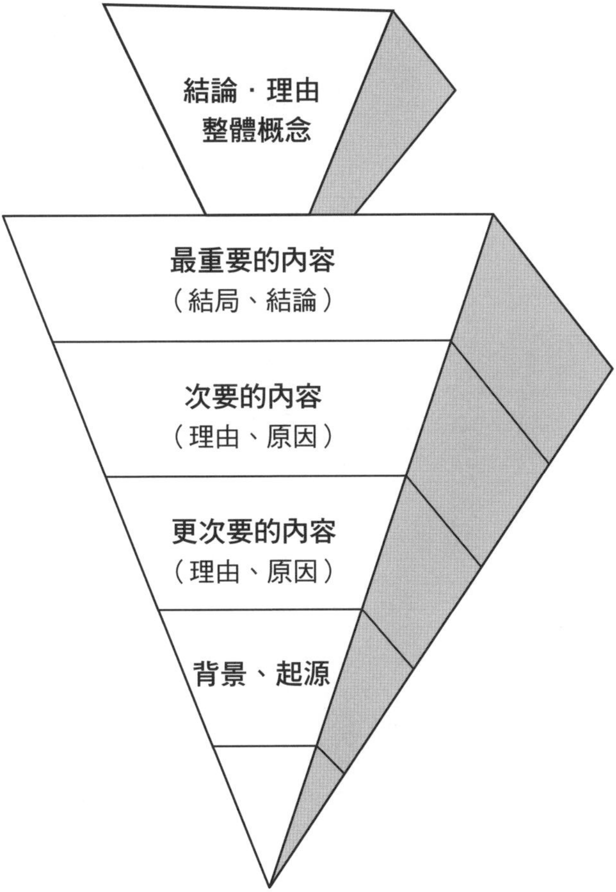

02

何謂「導言」？

心中疑問，就讓「導言」代表回答

附導言的倒金字塔的「導言」（lead）是英語中「文章開頭」的意思，用於論文、企劃書、散文、小說等所有類型的文書中。在論文或企劃書中，經常利用導言來敘述該文書的目的。就像以下這個例子：「日本國內每年約有九十萬起交通事故，根據調查，主要原因是駕駛者的認知判斷錯誤。為了防止此判斷錯誤，本論文將介紹目前立即可採用的幾種最新技術，並探討其效果。」

在小說中透過導言抓住讀者的心也是非常重要的。夏目漱石的著作《我是貓》的開頭「我是貓，至今還沒有名字。完全搞不清楚我在哪兒出生」。這真是一段既幽默又引人入勝的導言。在論文或小說裡，利用導言抓住讀者的心是很理想的，但是並沒有固定的形式，也沒有明確規定導言的功能。然而在新聞報導中，導言則有固定的形式及功能。

沒有共通資訊的人，也能正確理解

新聞報導的導言是報導本文的第一段，約一百～二百字，相當於雙層倒金字塔的上層。**導言的功能在於讓沒有共同資訊的人也能正確理解新聞內容。突然聽到一件陌生事情的結論，對方很有可能完全聽不懂。**因此我們必須在雙層倒金字塔的上層，也就是導言的部分，簡潔地敘述報導的結論、事情背景、起源和發展等資訊。這麼一來，在下層的倒金字塔依序解釋時，讀者也能理解。

由於已經在雙層倒金字塔的最上面說出結論，因此不會讓對方有發揮想像力的餘地；而在下層所敘述的詳細資訊，則會被當成補充結論的資訊。不過，可能受到誤解的並不只是結論。讀者在閱讀的過程中，也會對造成這個結論的理由或文章的其他部分產生各種疑問。一旦產生疑問，讀者就會發揮想像力，開始胡亂思考這個疑問的答案。

事實上，讀者對倒金字塔下層敘述的詳細新聞內容所抱持的疑問，在導言中其實早就預先回答完了；導言裡隱藏著某種不讓人發揮想像力的驚人設計。這個設計是什麼呢？我們一邊思考，一邊看左頁這篇報導吧。這是一篇有關全日空出售旗下旅館的報導，刊載於二〇〇六年十二月八日日本經濟新聞的早報第一版，被虛線圈起來的部分就是導言。

全日空

出售國內13間飯店

以招標方式出售土地・建物 總價超過1000億

全日本空輸將出售旗下位於日本國內13間飯店的土地與建物。全日空預計在本月以不動產公司與投資基金為對象展開招標，在本年度內決定得標者。一般認為成交金額至少會超過一千億日圓。繼將飯店的營運事務交由全日空與英國飯店合資的公司接管之後，下一步則是從本月開始釋出資產，把經營資源全數集中於航空事業。（相關報導請見11版）

將經營資源集中於航空事業

全日空預計出售的，包括大型旗艦飯店「東京全日空飯店」（位於東京都港區）以及具代表性的渡假型飯店「萬座海濱渡假飯店」（位於沖繩縣恩納村）等，總共十三處的直營土地與建物。其他受託營運或協助經營的十八處，因為土地・建物非屬全日空所有，因此不算在內。位於中國與奧地利的兩間飯店，則繼續由全日空經營。

未來這些飯店的經營，將由全日空與英國洲際酒店集團（IHG）合資設立之新公司繼承，飯店名稱也將依序變更為「ANA洲際飯店」等。全日空將大幅縮減在旅館事業上的參與度。

全日空預計在這個月之內舉辦第一次競標會。未來將陸續舉辦數次競標會，預計在二〇〇六年度內決定買家。目前已有大型不動產公司表示興趣。

全日空出售之13間直營飯店

飯店名稱	開業年份	客房數
千歲全日空飯店	1997	288
札幌全日空飯店	1974	412
富山全日空飯店	1999	251
金澤全日空飯店	1990	254
東京全日空飯店	1986	873
東京 STRINGS 飯店	2003	206
成田全日空飯店	1989	396
大阪全日空飯店	1984	493
廣島全日空飯店	1983	409
博多全日空飯店	1976	355
萬座海濱渡假飯店	1983	399
沖繩海景飯店	1976	352
石垣全日空渡假飯店	1988	317

（摘錄自日本經濟新聞 2006.12.8 之報導）

03

5W1H的驚人設計

解答六個疑問，溝通一次到位

導言的驚人設計就是「先回答讀者所有的疑問」。所有的疑問是指哪些呢？具體來說是5W1H〈When **什麼時候**〉、〈Where **在哪裡**〉、〈Who **誰**〉、〈Why **為什麼**〉、〈What **做什麼**〉**，以及**〈How **如何做**〉針對這六個疑問詞的回答。

我們來檢視這段全日空報導的「導言」是否回答了這六個疑問。下頁是全日空報導本文的第一段。這段文字確實將六個疑問都交代得非常清楚。由於在報導的開頭第一段，就解答了讀者心中所有的疑問，因此讀者在繼續閱讀報導的過程中，就不會感到困惑，也不會有空間發揮想像力了。

○「全日空旅館報導」用5W1H製作「導言」

全日本空輸〈Who〉將出售〈What〉旗下位於日本國內〈Where〉十三間飯店的土地與建物。全日空預計在本月以不動產公司與投資基金為對象展開招標〈How〉，在本年度內〈When〉決定得標者。一般認為成交金額至少會超過一千億日圓。繼將飯店的營運事務交由全日空與英國飯店合資的公司接管之後，下一步則是從本月開始釋出資產，把經營資源全數集中於航空事業〈Why〉。

※粗體部分為筆者加註

這種能完整回答5W1H中所有疑問的設計，其實還具備了一種劃時代的功能。那就是透過解答疑問的形式，替整篇報導提供一段簡潔的統整。倒金字塔上層應具備的所有功能，都因為善用了5W1H，才得以在不到二百字的短文中展現。

我在前一節用科學家發現希格斯玻色子為範例說明雙層倒金字塔，以下是實際報導文章中的導言。分析關於全日空報導與希格斯玻色子兩篇報導的導言，可以發現兩者早已針對5W1H的所有疑問提出解答。

◯每日新聞／科學家發現希格斯玻色子報導的「導言」

位於日內瓦〈Where〉的歐洲核子研究組織〈Who〉，長期試圖找出被認為能賦予所有物質質量的假設基本粒子「希格斯玻色子」。該組織在四日〈When〉宣布〈What〉他們在利用大型粒子加速器「LHC」所進行的實驗中〈How〉，找到了一種疑似希格斯玻色子的新基本粒子。一九六〇年代提倡的「標準模型」，認為基本粒子存在於世間萬物，而希格斯玻色子則是標準模型預言存在的十八種基本粒子當中，唯一尚未被發現的基本粒子〈Why〉。

※粗體部分為筆者加註

日本經濟新聞／科學家發現希格斯玻色子報導的「導言」

日內瓦的歐洲核子研究組織〈Where〉、〈Who〉在四日〈When〉宣布〈What〉他們發現了一種新粒子，而它疑似被認為是物質質量起源的「希格斯玻色子」。在二組國際團隊的合作下，在使用了大型加速器進行的探索實驗中〈How〉，他們得到了新粒子以九十九・九九九％以上的機率存在的結果。該組織將在今年內進行最終確認，確定其為希格斯玻色子的機率極高，因此可能成為諾貝爾獎等級的重要發現〈Why〉。

※粗體部分為筆者加註

此外，每一則導言都簡述了報導的整體狀況（概要），也都在開頭的第一句就提出結論。每日新聞的導言雖然將許多資訊以修飾句的形式放在第一句話裡，但這句話的主旨就是「科學家發現疑似希格斯玻色子的新基本粒子」這個結論。

每一篇導言，都遵循了倒金字塔的鐵則——先說結論。

不過，一般會出現在結論後的「理由」，在這三篇導言裡則都是在最後才提到。在撰寫導言時，如果能依照典型的倒金字塔順序撰寫，當然最淺顯易懂，不過要在一百～二百字之內完整回答5W1H，似乎不一定能以最標準的倒金字塔形式呈現。**結論之後的順序，包括理由，撰寫者都可依照自己的判斷來排序。**

順帶一提，上述關於全日空報導的導言約一百四十三字，發現希格斯玻色子報導的導言，每日新聞約一百七十字，日本經濟新聞則約一百五十九字。

導言不一定要回答所有的疑問

5W1H是最具代表性的疑問詞，在導言中若能回答這六個問題，就是最理想的狀況。然而，其實並非一定要回答所有的疑問，才算是導言。當報導內容的地點在日本的任何地方都無關緊要，或是根本無須贅言時，導言中就不會出現〈Where〉的答案。此外，假如〈How〉在整件事情中並不是重點，便會出現在倒金字塔的下層，而不會出現在導言裡。

除了5W1H，另外還有〈How much 多麼、什麼程度、多少錢〉、〈Whom 把誰〉、〈Whose 誰的〉、〈Which 哪一個〉等許多疑問詞。這些疑問詞的答案，有時也會視狀況出現在導言中。

將英語翻譯成中文時，必須依照前後文和意義，利用各種不同的譯文來表達。我將目前想到的疑問詞和譯文列在下表，供讀者參考。

5W1H 與譯文

When	什麼時候、在什麼時候之前、時間
Where	哪裡、在哪裡做、位在哪裡、地點
Who	誰、由誰、由什麼、主詞
What	將什麼、做了什麼、發生了什麼、結論
Why	為什麼、為何、理由
How	如何、透過何種方式、方法

04

不斷重複結論，瞬間讓人記住你

「導言＋細目」是避免誤解的劃時代體裁

讓我們再度回到全日空的報導。這篇報導的導言約一百四十三字，如果朗讀出來大約只須三十秒。導言後的文章，也就是雙層倒金字塔的下層部分，一般稱為「本文」。加上表格後，本文約有一千字，字數約是導言的六倍半。

新聞報導是由「導言＋本文」所構成的。但是英語的「本文」（body），有時也可指包括導言在內的全文（text）。在字典上，「body」這個字的解釋就是「本文」。

在訓練倒金字塔說話術時，我會非常明確地區分導言與本文，因此我將導言後面的本文稱為「細目」。之所以這麼區分是因為在細目的部分，會依照倒金字塔的順序，逐一詳述在導言出現的事項。我們來更仔細地分析全日空的報導。以下按順序說明在導言中提到的細目。

❶ **將被出售的飯店資訊**（東京全日空飯店等十三間直營飯店的土地與建物，一覽表中有更詳細的資訊）

❷ **將被出售的飯店未來的營運型態**（由全日空與英國洲際酒店集團合資設立之新公司繼承）

❸ **出售方法與預測售價**（每個月舉辦一次競標會，舉辦數次，預計在二〇〇六年度內做出最後決定，售價必定將超過一千億日圓）

❹ **全日空飯店的經營歷史與出售原因**（八〇年代起陸續設立大型飯店，將其培養為事業的重要支柱。趁著業績穩定上升，重新檢視多角化經營路線）

❺ **出售所得資金的用途**（回歸本業——航空事業。添購飛航效率較佳的新型飛機）

❻**關於集中經營資源的背景資訊**（此舉並非為了切割經營不善事業的裁員，而是以戰略思考勾勒出未來走向後的集團重整）

報導的細目是依照倒金字塔的順序先敘述最重要的事情，因此會分成「將被出售的飯店資訊」、「飯店出售後未來的營運型態」、「出售方法與預測售價」等細項個別說明。此外，這些事項都是在導言部分簡單交代過的事項。

在細目中，結論多次重複也沒問題

如此便能明白，導言就宛如索引一般，列舉了接下來即將敘述的內容。另外，透過事先簡潔地統整整體內容，也能顯示出各事項的定位，更針對5W1H的所有疑問做出了解答。**「導言＋細目」這種新聞報導的撰寫形式，不但能防止讀者發揮想像力（也就是誤解），更能讓讀者輕鬆地理解文章內容，是一種劃時代的體裁。**

在新聞報導中，能夠用簡短一句話來表達的結論，並不會在細目中重複出現。若結論相當複雜，則會在細目的開頭更詳細地敘述結論。在二〇一二年七月五日每日新聞早報第一版、有關發現希格斯玻色子的報導中，已經在導言裡出現過的結論，又在細目的開頭詳述一次。文章如下：

重複結論的報導，讓人印象更深刻

「該組織認為從數據看來，將這次發現的基本粒子認定為希格斯玻色子，雖然並沒有矛盾之處，然而鑑定其是否真為希格斯玻色子的方法有很多種，必須透過更進一步的實驗和分析來提高準確度。該組織預計將在今年內提出結論。」

用口頭說明結論時，不必特別在意是否重複多次。畢竟結論是最重要的資訊。在雙層倒金字塔的下層一開頭就重複結論，可以強化不被誤解的說話方式。

05

為「細目」賦予魅力

八個關鍵字，馬上增加說服力

在雙層倒金字塔的上層，也就是導言中提到的重點，會在下層的細目中逐一詳述；這時可以運用一些技巧讓內容更具說服力。為細目增添魅力最典型的技巧，就是「事實」。例如在全日空報導中，導言寫到了「全日空將出售旗下位於日本國內十三間飯店的土地與建物」；而在細目部分，則透過一覽表詳細呈現這十三間飯店的名字、開業年份、客房數量等「事實」。除此之外，為細目增添魅力的技巧還包括「權威・專家的意見」、「個人經驗」、「統計・問卷調查」、「比較」、「比喻」、「軼事」、「幽默」等。接下來將透過舉例詳細說明。

❶事實

最普遍使用的技巧。假設有篇文章只在導言中敘述「對我們來說，研發是公司發展的基礎」，而在細目中沒有再次提到，那麼對方大概只會覺得「喔，是這樣啊」，就不會有別的反應了吧。**然而如果在細目中加入「我們這十年來，都持續撥出前一年度營業額的二〇%，作為本年度的研發經費」的「事實」**，不但能讓這段話更具有真實性，同時也能提高對方的興趣，誘導出「研發費用具體來說金額是多少呢？」、「貴公司在從事哪方面的研發呢？」等問題。

❷權威・專家的意見

透過引用該領域的權威或專家意見，讓導言更具真實性。

【導言】使用速讀法不僅能在短時間內學習更多知識，更能讓頭腦變好。

【細目】東京大學名譽教授〇〇老師表示，快速理解文章，能刺激大腦各種神經細胞，促進神經細胞活性化，進而使突觸增加。

❸個人經驗

在細目中加入說話者自身的經驗。

【導言】暢銷商品靠的不是個人創意，而是整個組織。

【細目】在我擔任產品經理後，我才深深體會到：只要組織沒有動起來，就算有創意，也無法研發出好的產品；即使完成了研發，倘若製造部門沒有犧牲假日、加班滿足生產需求，那麼特別前來購買的客戶一旦買不到，日後對這項商品就不屑一顧了。

❹統計・問卷調查

在細目部分加入充分能佐證導言重點的客觀證據。

【導言】「口之戀人（編註：「お口の恋人」）」這句廣告詞是不是很棒呢？

【細目】「口之戀人」在世界流通新聞等多份雜誌的問卷調查中，都獲選為最佳廣告詞。

❺比喻

在細目部分加入比喻，讓導言重點更容易想像的技巧。

【導言】本公司最暢銷的攝影機，可將錄下的影片同時儲存於攝影機的硬碟及智慧型手機裡。

【細目】將影片儲存於智慧型手機時，使用的是無線傳輸，因此不必連接傳輸線。我們找到了會下金蛋的鵝。

❻軼事

在細目部分加入插曲，讓導言部分的重點更容易想像的技巧。

【導言】失敗時，可以利用幽默來收復失地。

【細目】下一站是「代代木公園」，但車掌廣播時卻說成了「代代木上原」。車長雖然在停車前修正了，乘客們卻一臉冷淡。然而從代代木公園發車後，車長透過廣播說：「剛才真抱歉。下一站還是代代木上原。」於是乘客們哄堂大笑。

❼比較

在細目部分提出比較的對象。

【導言】本公司口香糖預防蛀牙的效果，是業界第一。

【細目】根據墨爾本大學牙醫學系的實驗證明，本公司口香糖的預防蛀牙效果，比他牌含有木糖醇之口香糖高出二倍。

這個範例也可歸類為「權威・專家的意見」。下面再舉一個例子。

【導言】本公司的營養保健品真的很划算。

【細目】與他牌相比，相同價格的產品，本公司的成分為他牌的二倍。此外，連續三個月以上定期訂購的顧客，更可依期間長短，享有九折、八折、七折的優惠。

❽ 幽默

在細目加入一些帶有玩心的評語，讓導言更令人印象深刻。

【導言】敝公司的廁所用品研發部長，總是在上廁所時獲得靈感。

【細目】敝公司的廁所用品研發部長因為職業病的關係，總是在上廁所時獲得靈感。問題是，他每次一有靈感就會忘了上廁所，立刻跑回座位。

PART 3

如何用倒金字塔撰寫《浦島太郎》

01

這樣說話才精采

運用六個重點說話，留住記憶點

想學會新聞體裁的說話方式，最簡單的方法就是練習用「新聞體裁」寫文章。利用大家耳熟能詳的故事，來練習新聞體裁的寫作方式。第二次留學美國時，我在加州的UCLA選修新聞傳播。當時的課程中運用伊索寓言裡的《龜兔賽跑》、《螞蟻與蟋蟀》、《狗和影子》等故事來練習。

現在就用日本的童話故事《浦島太郎》練習撰寫新聞體裁的文章。《浦島太郎》是「童話故事」，因此是由起承轉合的故事體裁撰寫而成的。為了保險起見，我先寫下故事概要。

用「故事體裁」說《浦島太郎》

起 → 承 → 轉 → 合

起

從前從前，有個漁夫名叫浦島太郎。有一天，他看見孩子們在欺負烏龜，心生憐憫，於是付了錢給孩子們，把烏龜買下來，並將牠放回海中。

承

得救的烏龜為了報恩，便帶浦島太郎來到海底的龍宮。龍宮裡有鯛魚和比目魚翩翩起舞，是一座美麗得無法言喻的宮殿，而太郎在這裡受到龍宮主人乙姬的盛情款待。

轉

在龍宮度過了快樂的三年之後，太郎開始想念故鄉，表示他想回家。乙姬交給他一個寶盒，並告訴他「絕對不可以打開」。

合

太郎回到了故鄉的海邊，發現那裡的人他全都不認識。寂寞的太郎打開了盒子，沒想到盒中冒出一陣白煙，他變成了一個白髮蒼蒼的老人。原來太郎在龍宮度過的日子雖然只有三年，但在陸地上卻已經過了七百年。

用新聞體裁改寫《浦島太郎》

接著，讓我們試著用新聞體裁改寫《浦島太郎》。首先撰寫導言，讓我們再確認一次導言的功能與特徵，也就是以下六點：

❶字數約一百～二百字的文章。

❷在這段文章裡敘述故事的重點（關鍵字、發生了什麼事情）。

❸一開頭就說出結論。

❹回答5W1H裡的所有疑問。

❺活用5W1H的回答，將整體故事的概要簡潔地做出統整。

❻若有必要，也可簡潔地加入故事背景、起源、發展等資訊。

故事的關鍵字就是浦島太郎、寶盒、龍宮、被救的烏龜等；而發生的事情，則是浦島太郎救了烏龜、烏龜帶浦島太郎前往龍宮、乙姬給了浦島太郎一個寶盒、浦島太郎打開盒子後，盒裡便冒出白煙，而他也變成一個老人等。

直接用5W1H撰寫導言，讓故事更清楚

導言須控制在二百字內。細目部分除了故事概要中的重點之外，各位也可自行添加自己所知的事項。**比較困難的應該是導言。其實在撰寫導言時，只要先寫出5W1H的項目名稱，再逐一填滿，就能輕鬆完成。**

請試著將浦島太郎的故事以新聞體裁寫在75頁的表格裡，依此製作出導言吧。79頁是我示範的導言範例，約有一百三十九個字，裡面提到了故事裡的關鍵字及故事概要，同時回答了5W1H的所有疑問。把這段文章朗誦出來，只需約三十秒。

這段導言中有好幾個針對〈Where〉和〈When〉的答案對不對？表示時間的詞彙有「從前從前」、「三年」、「七百年」，而表示地點的詞彙則有「故鄉的海邊」、「龍宮」。

為什麼我要選擇「從前從前」來回答〈When〉，而選擇「故鄉的海邊」來回答〈Where〉呢？因為我認為導言的核心是「這是一個古老的故事。浦島太郎從龍宮

回到了故鄉的海邊，一打開寶盒，盒裡就冒出一陣白煙，於是浦島太郎就變成一名老人了」。

這並不是正確答案。隨著每個人想法的不同，針對疑問的回答也會有所差異。在用不同寫法所撰寫的導言中，甚至會呈現出多個5W1H的答案。

接下來是緊接在導言之後的細目。細目一開頭就必須寫出結局，之後再依照撰寫者個人的判斷，按照重要性依序詳述。在這裡我採取傳統的寫法，在結局後寫出「導致這個結局的原因」（在導言部分也已經提及）。

「導言」撰寫用紙

〈When 什麼時候〉

〈Who 誰〉

〈Where 在哪裡〉

〈How 如何〉

〈What 發生了什麼事〉

〈Why 為什麼〉

範例

用新聞體裁改寫《浦島太郎》

導言

從前從前，漁夫浦島太郎救了一隻烏龜，於是被烏龜帶到海底的龍宮，接受了乙姬的盛情款待。三年後，他開始想念故鄉，便回到了故鄉的海邊。他打開了一個乙姬交代他不可以打開的寶盒，結果盒裡冒出一陣白煙，他也變成一名老人了。原來太郎在龍宮度過的日子雖然只有三年，但在陸地上卻已經經過七百年了。

細目1（結局）

太郎坐在烏龜的背上，從龍宮回到故鄉的海邊時，故鄉卻已人事全非。他找不到自己的家，他的母親也不知去向，村子裡根本沒有人認識太郎。一個老人說：「這麼說來，我曾聽說七百年前，有一個叫做浦島太郎的漁夫出海之，就再也沒有回來了。」太郎不知該如何是好，便回到了海邊。他心想，說不定只要打開寶盒，就能回到以前的村子。雖然乙姬交代他不後能打開，但他因為太過孤單而喪失了自我，便打開了寶盒。忽然間，寶盒裡冒出一陣白煙，接著，太郎就變成了一個白髮蒼蒼的老人了。

細目2（導致結局的原因）

太郎因為救了烏龜，便坐在烏龜的背上，被帶到了龍宮；而龍宮其實是一個時間流逝速度與陸地不同的異世界。在這座宮殿裡，鯛魚和比目魚翩翩起舞，宮殿的四面分別是春、夏、秋、冬，就連畫筆也無法表達這幅美景。太郎接受了龍宮宮主乙姬的熱情款待，度過了一段如夢似幻的美好時光。然而太郎在龍宮度過的三年，其實是陸地上的七百年。裝在寶盒裡的其實是異世界的時間，只要一打開，就會回到地上的時間中。

細目3（乙姬）

關於乙姬，有一說是海神的化身，也有一說是烏龜的化身。她希望能永遠和心地善良的浦島太郎一起在龍宮生活，但是她也體恤太郎懷念故鄉、思念母親的心情，便決定將太郎送回陸地。只是如果不讓他帶著裝有異世界時間的寶盒，就無法送他回去。

細目4（故事的起源・背景・解說）

這個故事的開端是太郎有一天走在海邊，看見孩子們正在欺負烏龜，覺得烏龜很可憐，於是付錢給孩子們，把烏龜放回海裡。幾天後，被太郎救助的烏龜為了報恩，便帶太郎前往海底的龍宮。然而這個開頭，是浦島太郎在明治時代被製作成圖畫書時才創作的。在室町時代編纂的《御伽草子》中，浦島太郎的故事是：太郎把一隻被釣起的烏龜放回海中後，烏龜便化身成美女，邀請太郎前往龍宮。浦島太郎的故事在明治時代被納入國定教科書及文部省（編註：相當於台灣的教育部）指定歌曲中，成為日本家喻戶曉的故事。

浦島太郎的「導言」

〈When 什麼時候〉

從前從前，

〈Who 誰〉

漁夫浦島太郎救了一隻烏龜，於是被烏龜帶到海底的龍宮，接受了乙姬的盛情款待。三年後，他開始想念故鄉，

〈Where 在哪裡〉

便回到了故鄉的海邊。

〈How 如何〉

他打開了一個乙姬交代他不可以打開的寶盒，結果盒裡冒出一陣白煙，

〈What 發生了什麼事〉

他也變成一名老人了。

〈Why 為什麼〉

原來太郎在龍宮度過的日子雖然只有三年，但在陸地上卻已經經過七百年了。

相信各位一定注意到了吧，用新聞體裁改寫《浦島太郎》之後，故事就不那麼有意思了。但另一方面，用新聞體裁改寫後，出現在故事裡的關鍵字及背景等，很快就能讓人記住。這正是倒金字塔說話術的重點。

新聞體裁與故事體裁的特徵分別整理如下。

新聞體裁

❶在【導言】敘述包括結論在內的重點，因此可以迅速、明確地理解事情的全貌。

❷在【導言】敘述包括結論在內的重點，接著再詳細敘述其內容，因此不會讓對方的想像力有發揮空間，也不會擅自解釋，因此不會造成誤解。

❸在【導言】部分已經回答了5W1H的所有疑問，因此不會讓對方處於「被懸在空中」的狀態。在緊急狀態下，「被懸在空中」的感覺會讓對方焦躁不安。

❹可在短時間內提供許多資訊。

❺即使事情只說到一半就中斷也沒關係，因為最重要的資訊已經在一開始就傳達了。

故事體裁

❶一開始先敘述起源和背景，因此故事會如何發展，不聽到最後無法得知。

❷沒有先說出結論，因此對方可以想像故事接下來的發展，或是對目前的故事內容添加自己的理解，容易遭到誤解。

❸對方不知道故事會如何發展，因此始終處於「被懸在空中」的狀態。當時間充裕時，對方可以享受懸疑的樂趣。

❹故事會變得很長。

❺若沒說到最後，就完全喪失了意義，因此不可以中斷敘述。

02

「從重點開始說」能減少失言機率

倒金字塔的歷史及重要角色

「倒金字塔」原本是指新聞報導的體裁，而且打從一開始，就是雙層倒金字塔的概念。自從這個詞彙被應用在說話方式或商務哲學後，單層的倒金字塔便成為主流，而雙層倒金字塔則被稱為「新聞體裁」或「附導言的倒金字塔」。

我想在此簡單說明倒金字塔的歷史、在新聞傳播界的地位，以及未來所扮演的角色。不會被誤解的文體、任誰都能理解的文體、有速度的文體、不用看到最後也能掌握重點的文體——瞭解倒金字塔誕生的背景，可做為我們實踐倒金字塔說話術的重要參考。

報紙的「導言」是決定銷售量的關鍵

在美國學習新聞傳播史時，一定會提到催生倒金字塔的電報故事。電報在一八五〇年普及於美國，在一八六〇年的南北戰爭時，為了發送戰況報導，大批記者同時湧進電報公司，因此每個記者都只能發送戰況最核心的資訊。當時的電報技術尚未成熟，有時無法正確傳達全文。為此，記者們便開始用「從重點開始寫」的方式撰寫報導。雖然這個故事讓人忍不住大呼「原來如此！」但其實在這十年來，有許多調查和研究指出，這個說法並非事實。例如南加州大學的研究團隊，就公布了以下的調查研究報告。

「我們實際閱讀了洛杉磯某圖書館中從一八六〇年至一九一〇年約三十種報紙。分析了在南北戰爭時期，也就是一八六〇年至一八六五年這五年所刊出的二千篇報導，以「附導言的倒金字塔」撰寫的只有二篇。這種形式的報導在一八七〇到八〇年代偶爾可見，到了一九〇〇年左右才開始急遽增加。」

此研究分析，倒金字塔的報導之所以從一九〇〇年開始大量增加，是因為這個時代是美國歷史中進步主義的扎根期，教育水準有飛躍性的成長，人們開始想閱讀客觀科學的報導。

研究中也提到在那之前的報導並沒有特定的形式，因此當時的報導或許有不少是撰寫者恣意寫下的主張或想法，也就是所謂的「演講形式報導」。

如今，一般認為倒金字塔是在一九〇〇年左右誕生的。也許第一篇倒金字塔報導確實是在南北戰爭時期或是更早就誕生了，但至少要到很久之後，才大量地出現在報紙上。

美聯社的總編之一米凱爾．歐瑞斯克斯先生在上傳至YouTube的一段影片中表示，倒金字塔是在十九世紀末至二十世紀初，由媒體所創造的撰稿體裁。他認為，這是因為在十九世紀中後期開始急速發展的工業化，加上人口爆增、印刷與配送技術進步，使讀者人數大量增加。從知識份子到一般市民、從經營者到勞工，讀者遍及社會的各個階層，**因此大都市中有各式各樣的報紙排列在架上，而頭版的標題和導言，就是決定一份報紙銷量的關鍵因素。**

報紙有時候也會登「特別報導」

報紙賣的東西就是新聞報導。無論是《讀賣》、《朝日》、《每日》、《產經》、《日本經濟新聞》等，每天而且是用附導言的倒金字塔所撰寫。然而在國外，報紙傳達的卻不一定是新聞。世界知名的財經報紙《華爾街日報》，從半世紀前開始就堅持「不在頭版放直接新聞」的方針。

所謂「直接新聞」就是回答了5W1H的導言。那麼「非直接新聞」的報導又是什麼呢？**其實就是分析經濟狀況、透過趨勢調查而預測未來走向，或是透過獨家調查來報導事件或事故。**這些都叫做「feature」，一般譯為「特別報導」。說難聽一點，這種感覺就像是把刊載在《日經Business》、《鑽石週刊》、《東洋經濟週刊》等經濟雜誌裡的報導，放在《華爾街日報》的頭版一樣。

特別報導不一定會用倒金字塔來撰寫。《華爾街日報》自創了一套有別於倒金字塔的報導撰稿方式。除了《華爾街日報》，包括《紐約時報》、《華盛頓郵報》等美國具代表性的報紙，也都是以調查報導等特別報導來當作賣點。調查報導的體裁，有時候甚至會寫得像小說一樣。

有許多預測報紙未來發展的研究，都以《華爾街日報》的成功例子當作證明報紙的魅力並非新聞的證據，或是用來證明財經報紙這種具有專門性的媒體比一般報紙成功。

不過，若單以發行量來看，日本和美國有一個截然不同的地方。以下提到的數字皆取整數表達：美國唯一的全國性報紙，也是以新聞報導為主要內容的一般報紙——《今日美國報》，發行量將近二百萬份，僅次於《華爾街日報》。相對於此，《讀賣新聞》的發行量為一千萬份，《朝日新聞》為七百八十萬份。日本的全國性報紙擁有龐大的讀者群，對這些報紙而言，要將賣點從新聞報導轉為特別報導，其實並不簡單。我認為，無論報紙的報導文章如何變遷，早已確立的新聞體裁，也就是倒金字塔這種直接清楚的體裁，未來也會持續受到重視。

面對電視、網路媒體時的最佳說話方式

在報紙上，都是由記者來撰寫採訪內容。在這個過程中經過了許多複雜的編輯手續，即使受訪者的說明艱澀難懂，或是有遭受誤解的可能性，記者也會加以修正、潤飾。有時則正好相反，也就是記者在撰稿時會將受訪者的失言過度放大；只是這樣的狀況很少見，只有在受訪者發生什麼嚴重的問題時才可能出現。

然而電視就不同了，很多時候受訪者接受了三十分鐘的採訪，實際播出時卻被剪輯成一分鐘的短片。但是那一分鐘，確確實實是你發言的內容。製作單位絕對不可能剪下好幾段幾秒鐘的影片，打亂順序後加以剪接，竄改你話中的含義再播出。製作單位把影片分段剪接成一分鐘影片的目的，一定為了是把冗長的部分剪掉，在短時間內放入許多發言的重點。

在電視或其他影像媒體中，為了讓發言更得體，編輯人員能幫的忙有限。你必須用最適當的方式說話。**從結論開始敘述的新聞體裁，是在面對電視或網路採訪時最佳的說話方式。**

PART 4

「倒金字塔說話術」的十個提示

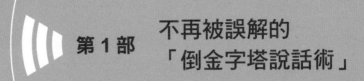

01

口齒伶俐，不代表人人都想聽你說

能言善道的人，90%敗在沒先說結論

透過「聽別人說話」與透過「閱讀文字」來理解是完全不同的兩件事。從事媒體訓練工作的我，對這一點更是有深刻的感受。媒體訓練中除了講課，還有「給予評語」及「受訪」的訓練。「評語」意指「發言」或「簡潔開場」，也就是如何在會議、記者會上說出簡潔有力的開場白及回話技巧的訓練。

一開始我會要求學員花四分鐘說一段自己的事，作為首次的說話訓練，例如「請說明你在公司裡負責的職務」。奇妙的是，**大家公認為能言善道的人，說出來的話經常「不知所云」**，身為講師的我及其他學員都聽不懂。不僅如此，就連本人看了錄影影片，也會困惑地問道：「我到底在說些什麼啊？」」相對於此，平常被人認為「不大會說話」的人，說話卻清晰易懂，令人印象深刻。

說話東扯西扯，反而讓聽者出現更多問號

為什麼不善言詞的人說起話來，比能言善道的人還要明瞭易懂呢？因為能言善道的人總是不從結論開始敘述。在四分鐘這麼短的時間內表達的內容，轉化成文字大約只有一千二百字；然而能言善道的人卻會受到自己的說話習慣或想取悅聽眾的態度影響，在說出結論前，便先從周邊閒話開始敘述。

仔細想想，有趣的故事如果沒有起承轉合，便無法敘述；世上也沒有從梗開始說的相聲。但是為了達到這個目的，往往在說到結論之前，時間就沒了；即使在規定時間內說出了結論，也會讓聽眾出現各種不同解釋。

不善言詞的人，正因為不擅長敘述與主題相關的資訊，也沒有華麗的詞藻，因此以結果來說，他們反而會在一開始直接說出重點。雖然平淡無奇，卻能讓聽

眾確實明白事情的內容。

報告、求職面試、商務談話、會議中也會出現相同狀況。說話者口若懸河，說得很有趣，卻始終說不出結論。不管聽了多久，都無法掌握他到底想說什麼。漸漸地，聽者便愈來愈搞不清楚事情的重點。

用耳朵聽到的資訊，不會全部留在記憶裡

還有一件非常有趣的事。我分別錄下能言善道者和不善言詞者的說話影片，並製作成逐字稿讓下一批學員閱讀。他們一致的感想是：「不善言詞者的文章重點比較明確易懂。」然而，**閱讀能言善道者的文字時，卻沒有人說「看不懂他在說什麼」**；有些人甚至認為「內容很豐富、很有趣」，或是「可以清楚得知事情的背景」。

檢視影片的結果卻一致覺得「聽不懂他到底在說什麼」；然而將這段發言化為文字後，即使是第一次閱讀的人，感想也是「沒有看不懂的地方」，甚至覺得

有些地方很有趣。會有這種結果，是因為文章是可以往前重複閱讀的。一旦覺得難以理解，就可以放慢速度，仔細推敲。四分鐘的發言化為文字後，大約是一千兩百字的文章，先讀過一次，再用鳥瞰的方式瀏覽，便能找到結論，加以確認。若遇到不懂的詞彙，還可以查字典。

然而若是用耳朵聽，聽眾便無法以同樣的方式掌握內容。說話者說出的詞彙會隨著發音一起消失，根據我的經驗，我們不可能將聽到的內容全部記下；自己理解的部分會深深地留在記憶中，而不太懂的部分，則會立刻遺忘。

舉例來說，我們聽完電話號碼後，可以立刻撥號，但是一旦開始講電話之後，就會立刻忘記剛才撥的號碼了。我認為兩者的概念是一樣的，因為我們不可能「理解」及「認同」電話號碼。

在商務談話或回答問題等場合中，我們必須在短時間內完成對話，這和欣賞相聲或朗讀文學作品的狀況不同，因此如果不時時提醒自己「必須從結論開始說」，那麼即使自認已經說明得很清楚，對方也可能還是一頭霧水。

02

「倒金字塔說話術」版型❶

記憶有時限，從「問題本質」回答

除了「透過耳朵獲得的資訊，如果沒有立刻認同，便不會留在記憶裡」的說法，還有另一個現象我也非常認同，那就是「**如果沒有立刻回答問題的本質，答案就不會留在對方的記憶裡**」。前述「請用四分鐘介紹自己的工作」是發言訓練。開始錄影後，扮演記者的工作人員便會提出「請說明你在公司擔任的職務」這個問題，而學員必須在四分鐘內回答完畢。

這時一定會出現某種現象：聽完問題之後，假如學員開口的第一句話不是直接說出「我的工作是○○」，那麼學員的回答，便不會深刻留在聽者的記憶中。

回答前，先重複一次問題

這是因為一旦從背景資訊開始說明，那麼在這段期間，記者問的問題就會從聽眾的腦海中消失。交代完背景之後，就算說話者緊接著詳細說明自己的工作，在聽眾的認知裡，也不會認為它是「回答記者所提出的問題」。這麼一來，聽眾便不知道說話者為什麼要說明自己的工作，而這些內容當然也無法深刻地留在記憶裡。

媒體訓練就是教我們「從問題本質開始回答」。也就是從記者的提問中挑出真正的問題。但是記者通常不會立刻提出問題，而是會先說明問題的背景，再提問。請見左例，這是記者對某航空公司的高層提出的問題。

◯真正的問題就藏在「結尾」裡

廉價航空已在日本正式開航，聽說大受歡迎呢。雖然目前的航線還不多，但未來航班與航線勢必都會陸續增加。這對航空業來說，會不會是嚴重的威脅呢？貴公司雖然也投資了廉價航空，但身為大型航空公司，在未來廉價航空的激烈競爭下，貴公司有沒有確保營收的計畫呢？請您針對這點談談。

範例中「真正的問題」是什麼呢？就是「身為大型航空公司，在未來廉價航空的激烈競爭下，貴公司有沒有確保營收的計畫呢？請您針對這點談談」，對吧？然而，有許多人會從與問題無關的「背景」開始回答：「不，廉價航空對我們來說並不算威脅。我們甚至抱著歡迎的態度。因為這麼一來旅客數量就會增加……」等回應。

據說人類的短期記憶只能維持數十秒。聽者會漸漸遺忘記者真正想問的問題。這麼一來，就算受訪者開始說明該公司為了對抗廉價航空、確保自身營收的策略，聽者也會疑惑：「他在說什麼啊？」

劈頭就針對問題的本質作答，當然是最理想的，但如果無論如何都想對背景做些交代，**可以在回答問題前，先重複一次提問的重點**：「您的問題是在這樣的激烈競爭下，我們要如何確保營收對吧？」如此一來，便能得到與直接回答問題相同的效果。

若將問題轉為文字便能立刻掌握，但是在接受採訪時，該如何在一瞬間就判斷出真正的問題呢？很簡單，提問者最後敘述的部分就是問題的本質。發言時先從「結論」開始敘述；回答問題時，也是直接回答問題的本質，這是為了讓聽眾用耳朵理解我們所說的話，也是避免被誤解的最佳手段。

03

「倒金字塔說話術」版型❷

先說「我不這麼想」，能避免被誘導

一九三二年的日本首相犬養毅的辭世名言「有話講請好好講」，當時他接見闖入官邸的海軍青年將校一行人，毅然決定與他們溝通，然而卻不由分說地遭到對方槍擊暗殺，這就是「五一五事件」的起源。

「只要好好溝通，對方就能明白」是在任何時代都應該受到重視的理念，然而在現實生活中，卻總是出現「就算說了對方也不懂」的情況。不只是伊斯蘭原教旨主義者和美國之間的問題，或是釣魚台和竹島的主權等國際問題，就連好朋友之間也會有費盡唇舌也無法互相理解的時候。

大腦很有主見，會自動阻斷不想接收的訊息

很久以前，我拜讀養老孟司老師的暢銷作品《傻瓜的圍牆》後，有種恍然大悟的感覺。他說人的大腦裡存在著一堵「傻瓜的圍牆」，會自動將不想接收的訊息阻斷。

日本政府公布的東京電力福島發電廠事故調查委員會的報告中，也提到同樣的觀點。報告中表示**人會「拒絕看自己不想看的東西」**。其中一個例子是，針對政府的地震調查委員會所公布的報告，在三一一地震前八天，東京電力曾要求政府修改報告書裡的措辭。他們擔憂報告裡的敘述會讓在平安時代的貞觀大地震災難再次重演。

參加媒體訓練的學員會分享在報紙、電視上的採訪內容。他們對記者的評語是「不管怎麼說明，記者都無法理解」、「記者彷彿事先設定了一份原稿，而採訪只是為了確認原稿的內容罷了」。

以「就算說了對方也不懂」為前提而說

記者並不是漫無目的地前來採訪，他們事前一定會先做準備。他們必須先向主管報告這篇採訪稿的方向，主管同意後才能進行採訪。假如採訪內容沒有按照預期的方向發展，就必須重新規劃。此外，從採訪到正式播出的時間非常有限。若是沒有先寫好原稿，並按照預定的程序拍攝，很可能會來不及播出。

因此，當受訪者的發言或行為與記者事先撰寫的原稿差異過大時，記者的腦中很可能就會出現「傻瓜的圍牆」。當我們察覺「傻瓜的圍牆」出現時，可以採取的應對措施便是**先用「我的想法說不定和你（記者）的想法有一百八十度的差別」當作開場白，再說出自己的想法，而不回答記者想誘導出的結論**。

「傻瓜的圍牆」也存在於你的頭腦裡。記者的原稿是基於「觀眾大概會這麼想吧」而寫。在接受採訪時，應該冷靜地思考究竟是記者的想法完全失焦，還是你腦中的圍牆阻斷了記者預設的想法。就算報導中完全呈現你的想法，但若變成一則讓觀眾不愉快或引起反彈的報導，也是毫無意義。

04

「倒金字塔說話術」版型❸

活用「感情式話術」，就能說動人心

想要打破「傻瓜的圍牆」，說話時必須配合聽眾的期望。在演講或簡報中，這種手法被稱為「感情式話術」、「活用神經語言規劃的策略性話術」等。說話時並不是配合對方的理解程度，而是配合對方的期望；這種說話方式能引起共鳴。也就是**說話時將焦點放在同感**、**感動**、**善意**，**或是反感**、**憤怒**、**敵意等情感上**。和朋友或情人聊天、與家人茶餘飯後的閒聊、結婚典禮的致辭等，都很適合這種說話方式。

這種說話方式最常被引用的成功範例，就是身為非裔美國人的公民運動領導者馬丁．路德．金的演講「我有一個夢」（I Have a Dream），這是一九六三年他在華盛頓林肯紀念公園舉辦「華盛頓大遊行」中的演講。

歐巴馬總統在選戰及二〇〇九年的就職典禮上，也發表了許多場有名的演說。包括歐巴馬總統本人在內，各界都認為他受到馬丁路德這場演講的影響甚鉅。

對於美國六十年代的反種族歧視運動及歐巴馬當選時的美國，我只能憑想像來瞭解。但是在我看見演講稿及錄影後，一直到現在都還深受感動。即使我所處的環境並不相同，但是身為人類，永遠抱持著希望、期望能打破現狀的想法，我想每個人都是一樣的。

蘋果電腦創辦人史蒂夫．賈伯斯的演講也令人相當感動。他在二〇一一年英年早逝，二〇〇五年他在史丹佛大學畢業典禮的演講中可以發現，他已經做好接受命運的覺悟，利用剩下的時間努力推動為人類生活帶來重大變革的偉業。

符合聽眾期望的「感情式話術」

配合對方感情的說話方式和倒金字塔說話術，其實是不同層次的。但是我在進行媒體訓練時卻發現，同樣是透過導言說明事情的概要、再詳細敘述內容的方式來說話，有些很吸引人，有些只會讓人感到「這個說明很簡單易懂」，就沒有其他的感覺了。

兩者的差異在哪裡？**說話比較吸引人的關鍵，是因為回應聽眾的感情、興趣、期望的說話方式來敘述。**在說明新產品（智慧型手機）時，懂得感情式話術的人，不只會說明這款智慧型手機的特徵，更會站在它能為使用者帶來什麼樣的好處、購買後會讓使用者感到多麼快樂等角度來介紹。

05

「倒金字塔說話術」版型❹

推測對方專業度，調整說話內容

市面上有許多「說話術」的書籍，幾乎每一本書都會強調「配合對方說話」的重要性。到底應該配合對方什麼呢？大部分書籍提到的都是「對方的立場」。

的確，根據對方是主管還是下屬、客戶或供應商，即使是相同的內容，說話方式和強調的重點都會不同，不過這並不困難。還有一點「仔細聆聽對方說話」也非常重要，**也就是除了努力理解對方的意思外，同時也要評價對方的等級，使用適合對方等級的說話方式來表達。**

所謂的「等級」可以包含知識等級、感情等級、個性等級等多種面向。假如對方是每天見面的同事、主管、朋友，我們便能給對方「很聰明」、「判斷力很差」、「固執己見」、「易怒」、「善良」、「冒失」等各種評價，因此可以配合評價來選擇說話方式。

但是面對初次見面的對象時要如何評價呢？許多商務會議都是以一個小時為單位進行，在這段期間內，我們又該如何評價對方，如何配合對方說話呢？此外，如果對方只有三個人，還有可能逐一評價，但如果對方的人數超過三人，就無法進行個別的評價了。

和初次見面的對象在時間有限的狀況下進行會議時，只能在會面前事先評價對方的等級，再與對方交談。而這時最適當的評價項目，就是對方的專業。

通常在談話前會先交換名片。這時**我們便可透過對方的公司、職稱及其他訊息，來推測對方對會議內容的專業程度**。

面對大眾，要把對方的專業程度視為零

電視上的訪談又是如何呢？這時，直接與受訪者對話的雖然是記者，但真正想要傳達訊息的「對象」，卻是電視機前數百萬的觀眾。觀眾當中有對訪談話題非常瞭解的人，也有許多專業程度等於零的人。面對多數群眾時，必須認定「聽眾的專業程度是零」，意識對方對這個話題一無所知。

如果對方是專業雜誌或報社記者，就可以認定對方的專業程度很高；雖然無法涵蓋所有狀況，但配合對方的專業程度調整說話內容，絕對是防止誤解最有效的方法。

06

「倒金字塔說話術」版型❺

冷僻的專業語，要用淺白文字說明

每個專業術語都有正確定義，又能簡單快速地表達，因此在專家的對話中是很方便的。ＩＴ企業的技術人員向電腦雜誌的記者說話時，不必特別說明專業術語，也不用替換成其他詞彙，因為這樣很可能在過程中產生誤解，而且非常浪費時間。配合該雜誌讀者的程度來解釋專業術語的工作只要交給記者就好。

如果對方是報社記者，即使是負責跑ＩＴ相關新聞的記者，那麼遇到可以用其他詞彙替代的專業術語，就能直接替換；而無論如何一定要使用專業術語時，則必須自己解釋其意義。我並不是說報社記者專業程度不夠，而是因為報紙的報導文章，都是以「專業程度零」的讀者為對象而撰寫，既然勢必得將專業術語改寫成其他詞彙，**那麼一開始就使用受訪者本人覺得恰當的簡單詞彙，或是用自己的話來說明該專業術語，這篇報導的內容才能更貼近受訪者真正的想法。**

面對報社記者時，就算不小心使用了專業術語，記者在撰稿時也會做某種程度的補充。但是在接受電視訪問時，說話者的發言和回答會直接播出，因此必須格外小心，主動採取連「專業程度零」的人也能聽懂的方式說話。

只對工作夥伴和專家使用專業術語

以下是某天在電視播出的訪談。一位液晶面板公司擔任技術部門的主管，胸有成竹地表示：「這個面板的低耗電量效果有二倍」。這是技術人員之間常用的說法，但是對不具備任何專業程度的觀眾來說，卻無法完全理解。如果把這句話改成「這個面板具有讓耗電量減半的效果」就不會被誤解了。

此外，在另一個電視訪談中，一位研究打雷的專家說：「無論在什麼時候、什麼地方落雷，都不足為奇」。氣象局發布落雷預報後，在專家或運用該預報的人們之間，「落雷」或許不是什麼特殊的詞彙，但是假如把這句話改成「無論在什麼時候、什麼地方打雷，都不足為奇」，就更能讓每個人都瞭解了。

第一次提到術語時，一定要仔細說明

新聞記者有時也會使用令人費解的用詞。我在最近的一則新聞中聽到記者說：「政府所採取的做法，目的是向國際社會見告日本在竹島主權問題的立場」。當時我感到非常疑惑，記者為什麼要使用「見告」這個古老又官腔且少使用的詞彙呢？為什麼不用「告知」、「宣示」、「表達訴求」？如果記者認為替換成這些詞彙，語意中就缺少了一些「強烈」的感覺，那麼只要說「嚴正告知」、「嚴正宣示」、「表達嚴正訴求」不就好了？

在三一一大地震和福島核電廠事件後，報紙和電視上出現各種從沒聽過的專業術語。例如海槽、板塊、海溝、斷層帶、活斷層、大滑移帶、強地動、地震矩等，即使聽了好幾遍，還是一下子就忘了。**為了讓每個人都能理解自己想要表達的內容，第一次提到這些詞彙時，必須仔細加以說明**。例如「海槽是海底的谷，而海溝則是深度超過六萬公尺的深谷」。

醫療領域也有許多專業術語。日本國立國語研究所在二〇〇八年提議，應檢視難懂的醫療用語，將其替換為簡單易懂的詞彙。而這個提議中舉出的例子，包括「預後」、「生檢」、「浸潤」等詞彙。

過去我一直以為「頓服」的意思是「醫師開立的紙包鎮痛解熱藥」。因為我小時候曾經服用過大正製藥的藥粉「TONPUKU」（編註：音同「頓服」），所以自作聰明地以為「頓服」就是相同成分的處方藥粉。當我得知「頓服」真正的意思是「在發作或症狀嚴重時服藥」時，我大吃一驚。居然四十年來都沒發現這個因為自己判斷錯誤而造成的誤解。

專業行話要慎重使用，才不會讓人一頭霧水

我認為在同一間醫院裡，不應該使用不同的詞彙，來表達對一般人來說很陌生的醫療用語。我曾經遇過健康檢查的文件上明明寫著「腹部超音波檢查」，護理師卻對我說「接下來要做ＥＣＨＯ囉」，令人感到困惑。

在媒體訓練的過程中，我發現各行各業都有我們在日常生活中鮮少聽到的專業術語。除了專業術語外，也有很多特殊的表達方式。某公家機關經常使用「個社」、「擔保」等日常生活中不常用的詞彙。除此之外，他們把大型銀行和大型證券公司都稱為「業者」。聽到有人將瑞穗銀行和野村證券都稱為「業者」，你反應得過來嗎？於是我建議他們，應該將它們稱為金融機構、銀行或證券公司比較好。

07

「倒金字塔說話術」版型❻

外來語會增加溝通門檻，別輕易使用

二〇〇七年一月的《體育報知》裡，有一篇塩崎官房長官（編註：相當於副首相和日本政府發言人）使用許多外來語，而讓記者們傷透腦筋的報導。報導中所引用的發言，包括intelligence（機密情資）、對彼此來說都是很sensitive（微妙）的、kickoff speaker（首位發言者）、win-win（雙贏）、formula（算式）、expertise（專業知識）、策畫counterintelligence policy（情資保護政策）等。括號中的文字，是記者為了說明而添加的中譯。

能夠以日語表示的詞語，當然就應該以日語表示。畢竟假如對方不懂那個外來語的意思，就無法達到溝通的目的了。

截至二〇〇七年為止，日本國立國語研究所已經提出四次外來語替換方案，希望將艱澀難懂的外來語以簡單的詞彙代替；在網路上可看到此提案的全文。

令人煩惱的是，必須使用外來語的原因之一，是因為日語中沒有表示相同意義的詞彙。即使有，也不常用。

若替換詞彙後仍無法正確表達，寧可使用外來語

例如「media training」的「media」，置換成日語就是「大眾媒體」；而「training」則是「訓練」。然而我們從不曾聽過「大眾媒體訓練」這樣的日文說法。假設說成「大眾媒體用說話方式來訓練」，或許有更多人能夠一聽就懂，但問題是「media training」並不只是單純的說話訓練而已。因此在日本，「media training」只能用外來語來表示。

IT可置換成「資訊科技」，但「IT」還是比較能令人接受。我利用「日

經TELECON 21」這個新聞報導搜尋引擎，搜尋了《讀賣》、《朝日》、《每日》等三份報紙在去年一整年中，使用「ＩＴ產業」與「資訊產業」的頻率，結果「ＩＴ產業」出現的次數合計為二百九十四次，「資訊產業」則是七十七次。

在國外發跡、近年才進入日本的產業界中，有許多外來語的詞彙，縱使有日語能夠替換，業界也還是廣泛使用比較方便的外來語。在技術文件中，經常可見有一半以上的文字都是外來語的狀況。在公司內部或朋友之間，當然會使用最方便且雙方都瞭解的詞彙，**無論它是英語或是外來語。不過我們必須謹記，一旦對外，便無法靠這些用語溝通。**

如果用別的詞彙替換了外來語，便無法完整表達原本的語意，那麼就不適合替換。例如有人建議將「compliance」替換為「恪遵法令」，但在許多公司裡，除了法令之外，「compliance」這個字更包含遵守公司規章、企業倫理，甚至連為了增進社會貢獻或迴避企業風險等所採取的行動。

使用「簡稱」時，必須先確認是否普及

簡稱也和外來語一樣。還沒有被普遍採用的簡稱，當然最好避免使用。暫不論在推特、SNS等網路世界的狀況，我覺得在電視節目的訪談中，使用尚未普及的簡稱的人，已經比以前減少許多。

簡稱的使用也和外來語一樣，必須先確定這個用法是否已經普遍被採用，也應該事先考慮好要在什麼樣的場合使用，使用時是否需要補充說明。

像PART（編註：日語「part-time」的簡稱）、PRO（professional）、PAWAHARA（編註：日語「powerharassment」的簡稱）、SEKUHARA（編註：日語「sexual harassment」的簡稱，意為「性騷擾」）、MAZAKON（編註：日語「mothercomplex」的簡稱，意為「戀母情結」）、SUMAHO（編註：日語「smart phone」的簡稱，意為智慧型手機）、KEITAI（行動電話）、DEJIKAME（編註：日語「digital camera」的簡稱，意為「數位相機」）、SUPA（編註：日語「super market」的簡稱，意為「超級市場」）、DEPA地下（編註：百貨公司地下街。「DEPA」為日語「department store」

的簡稱，「地下」意指「地下街」）、合KON（編註：聯誼。「合」意指「聯合」，「KON」為日語「company」的簡稱）、OFF會（編註：網聚。「OFF」為日語「off-line」的簡稱）、婚活（編註：「結婚活動」，意指透過各種聯誼活動積極尋找結婚對象）、就活（編註：「就職活動」，意指找工作）、KYARA（character）、INFURA（編註：日語「infrastructure」的簡稱）等詞彙，乍看之下似乎在任何場合都可以使用，但在媒體採訪或在不特定多數人面前說話時，我認為上述的簡稱中，有些應該避免使用。

「流行語」可以拉近彼此距離，加深認同感

在簡稱中，也有如JR、NTT等一時之間想不出全名的名稱。而特攝（特殊攝影）、家電（家庭用電器產品）等簡稱，涵蓋的意義範圍比較廣，因此我認為簡稱比較好用。至於從以前使用至今的TEREBI（編註：日語「television」的簡稱）、HANKACHI（編註：日語「handkerchief」的簡稱），假如現在突然使用完

整的「television」、「handkerchief」，反而會讓人覺得奇怪。不過在商務談話中，將「CHOCO」說成「chocolate」或許比較好。

因為工作的關係，我很注意生活中各種流行語及年輕人用語等在內的俗語。像「歸宅難民」（編註：意指因為大眾運輸癱瘓而無法回家的民眾）、「泥鰍內閣」（編註：日本前內閣總理大臣野田佳彥曾自比泥鰍，要在臭泥中為日本奮鬥，故有「泥鰍內閣」之稱）等貼切地表達時事、令人忍不住嘴角上揚的新語或流行語，其實也不少。**這樣的說法可以拉近彼此的關係、加深對方的認同。幽默感可以豐富我們的人生，不過這僅限於朋友之間。**

08

「倒金字塔說話術」版型❼

模稜兩可的答案，最容易被誤解

自古至今，總是有許多人認為「言語溝通不如心意相通」。在相聲表演開始前說的小故事，在日語中叫做「枕」。相聲家古今亭志老師的段子「木工調查」的「枕」是這樣的小故事：

我們這裡出現了一些所謂的「江戶子」。他們不管說什麼話都很簡短，好像彼此都知道對方想講什麼。

「你打算怎麼處理那個？」

「喔，那個啊？我把那個放到那裡去了。」

「喔，這樣啊。那我過去那裡先做好那個，剩下的就交給你囉。」

「好，當然沒問題。」

這樣的對話，我根本聽不懂。在公司裡，有時也會聽到像這段「枕」的對話，例如：

「那件事辦得怎麼樣了？」

「喔，你說那件事啊。我已經呈報給上面了。」

「喔，這樣啊，那我也會去說一聲。接下來就拜託你囉。」

「我知道了。」

雖說只要說話者彼此理解就夠了，但辭不達意正是造成誤解的源頭。也許呈報的「上面」不是董事，而是其他部門的部長，也許明明說了「接下來就拜託你囉」，但是隔天的董事會上應該要準備的資料卻根本沒印……。

辭不達意、說明不足，是被誤解的源頭

「我稍後回電給您」或「我查清楚之後再回覆您」等說法有時也很容易被誤解。曾經有人對我說「我稍後立刻回電給您」，我心想「既然對方說了『立刻』，應該很快就會打過來了吧」，於是一直等著電話，但對方卻遲遲沒有打來。原來對方想表達的意思單純只是「稍後回電」，我們彼此對「立刻」這個詞的認知似乎有些差異。

我常去的美容院員工曾跟我抱怨：每次幫客人洗完頭之後，我問客人「請問需要潤絲嗎？」幾乎所有的客人都會回答「都可以啊」，害我不知道究竟該不該幫他潤絲。

為了避免誤解，**「那個」是什麼、要把「什麼」交給對方、「大約什麼時候」回電、「需要」或「不需要」潤絲等等，即使稍嫌囉唆了點，也應該說明清楚**。就算覺得對方應該知道，為了保險起見，還是應該仔細說明，這才是避免誤解的最佳良方。

09

「倒金字塔說話術」版型❽

自以為婉轉的回應，反而很虛假

有一種話術叫「Yes but回答法」。在對方發言或提出問題後，先用「誠如您所說、您說的沒錯」等表達「Yes」的話語認同對方，緊接著再說「但是、事實上、其實」等表示「but」的連接詞，最後針對問題做出「No」的回答。這樣的回答的確很婉轉，但是**從避免誤解的角度來看，這種回答卻相當不妙**。即使後面說了No，對方卻可能會因為在一開始聽到了Yes，而認為自己「也許並非完全有錯」，或是覺得「那樣應該也沒關係」。無論在何種場合，一開始就說出結論，才是最明快、最不容易被誤解的說話方式。

先安慰再指責，最容易被誤解

如果想指正對方，就應該在一開始明確地表示「不是這樣的」，接著再說「但是，我能理解有很多人的想法跟你一樣」，傳達Yes的部分。倘若有人一開始先對我說「我明白你的意思」，但接著又說「你錯了」，我會感到不舒服。這種「顯而易見」的體貼，我不需要。

同樣的，有很多主管也習慣在慰勞下屬「一定很累吧」、「真是辛苦你了」、「你很努力」之後，緊接著又提出「但是專案毫無進展」、「報告書的內容我完全看不懂」等抱怨。這和「Yes but」的說話方式有異曲同工之妙。這樣或許讓對方覺得不是被責罵，**但是在開頭時說了那些慰勞的話，下屬就可能會產生誤解，把主管的話解釋為「原來這樣沒關係」**。

先利用倒金字塔將主張仔細說清楚，再安慰對方「我知道你很努力了，可是沒有成果，一切就毫無意義了」，我認為這樣的安慰才不會虛假。

10

「倒金字塔說話術」版型 ❾

大家想聽的是結論，不是過程

媒體訓練時我會指出學員說話的壞習慣。出現最多的是「欸、這個、那個、所以」這種口頭禪；其次是「我想、大概、恐怕」等模稜兩可的措辭。當專家說「我想、恐怕」等不確定的措辭，不一定是因為沒有自信的關係。我想他們可能認為「說不定有例外」，而想避免被反駁的風險。但這卻是最糟糕的說話方式。

因為當你想向對方表達「沒問題」，讓對方安心的時候，你卻說成「我想應該沒問題吧」，那麼對方便會認為「原來還是有風險啊」，而產生與說話者完全相反的誤解。

多用肯定句，能迴避被質疑的風險

為了避免被誤解，**我們必須盡量用「肯定句」說話，只要在最後加一句「當然，所有的事情都有例外」即可**。接受電視採訪時，有時候電視台只會播出受訪者用肯定句表達的部分。就算觀眾對這個部分有所質疑，只要補充「在採訪時，受訪者已經說明可能會有例外」就好。

大部分的狀況下，聽眾想知道的並不是研究的過程，而是結論。如果敘述的內容是針對未來的預測或是說話者自身的想法，那麼即使說話者說得很肯定，聽眾一定也能理解凡事都有例外、這個說法不一定準確。我們更應該注意的是關於事實的斷言。例如「我認為A公司在這個領域的技術是全日本第一」這句話，即使加上「我認為」也還是有極高的風險會受到質疑。此外，**這種模稜兩可的說法，會帶給人「雖然說是全日本第一，但也有可能不是」的印象**。

改變切入的角度，巧妙做出斷言

這時可以說「A公司是這個領域中，擁有全日本最高技術的公司之一」、「根據○○雜誌的說法，A公司在這個領域擁有全日本第一的技術」（當然，也要○○雜誌真的有這麼寫）、「A公司在這個領域的技術非常優異」等，即使肯定地斷言，也要花點工夫避免讓人抓住話柄。

當被問到「這項產品安全嗎？」時，我們也許無法百分百肯定回答「絕對安全」，這時可以改變角度，用「**對於產品的安全，我們力求萬全**」或是「**我們對產品的安全很有信心**」等表達方式，相信會比「我認為絕對安全」好。若在「對於產品的安全，我們力求萬全」後面，再加上一句「**對我們來說，安全是比什麼都重要的**」，就能避免遭到質疑的風險，同時也能給對方留下更接近「絕對安全」的印象。

11

「倒金字塔說話術」版型⓾

最容易惹怒對方的三句開場白

學員經常問我：「明明想要誇獎對方，為什麼卻反而激怒對方呢？」最大的元凶就是**「真不愧」**、**「出乎意料的是」**、**「相對來說」**這三句話。

例如對女員工說「妳真不愧是女孩子呢」，你可能會招來白眼。如果自己只是做了一件理所當然的事，卻聽到對方說「你真不愧是專家呢」，也不會比較高興。如果對方說「你真不愧是老手呢」，也會有人扭曲這句話的意思，認為「你是想說我老嗎？」

在話中加入「真不愧」、「出乎意料」等詞彙後，便會產生「跟自己的價值觀相比」、「跟過往的評價相比」的語意。**只要對方不認同說話者的價值觀或以往的評價，便不構成誇獎。**當有人說「你比他優秀」時，也許說話者的意思是「他最棒」，但是對方卻覺得「他最差」。

只要一比較，就會落人話柄

如果沒有要比較的意思，那麼在所有的發言或回答中，都不應該使用帶有「比其他的好」或「比其他的不好」等語意的說法，這樣才不會被誤解。例如在前一節的範例中，假如說「我認為A公司在這個領域的技術是全日本第一」，就隱藏著「與其他競爭對手相較之下」的語意。

這麼一來，就可能有人會反駁：「不，A公司表現優異的技術，只是這個領域的其中一部分而已，並不是全領域的技術」。**但如果說「A公司是在這個領域中，擁有全日本最高技術的公司之一」，那麼相對來說語意就不那麼強烈，**被誤解的可能性也變低了，同時也具有避免遭到反駁的效果。

PART 5

實際演練
「倒金字塔說話術」

01

「倒金字塔說話術」範例❶【專案報告】

用「標題」畫龍點睛，立刻切入正題

請參考21頁「針對夏季的高需求量而研發的新產品，何時可投入市場」的範例，雙方對專案內容都很熟悉，因此只針對重點回答即可；但接下來的範例，則是對董事會或公司其他部門的同仁進行專案報告的狀況。聽眾對專案的內容並不清楚。這時候就必須使用「雙層倒金字塔」，也就是新聞體裁進行說明；前文沒有提到的「標題」也包括在內。新聞報導的文章是以「標題」、「導言」和「本文」三個部分構成。**在發言或報告時，替接下來的說話內容加上一個「標題」，就會更明瞭易懂。**

範例

專案報告（對其他部門同仁舉辦說明會）

標題

本公司劃時代的新產品「涼感T恤」已確定在六月一日上市。接下來我將詳細報告本產品的市場投入計畫。

導言

賭上了公司命運的重點新產品「涼感T恤」〈Who〉將於今年六月一日〈When〉在日本各地〈Where〉上市〈What〉。到目前為止，本產品的上市時間延期了好幾次，讓各位擔心了；這次的上市日是確定的。上週公司內各部門主管開會進行了詳細的調整〈How〉之後，各部門都同意如果是六月一日上市，便可游刃有餘地給予各種支援〈Why〉。

細目1（結論）

「涼感T恤」的上市日之所以會延期，是因為量產技術的問題；而這個問題，我們已經透過某個機密策略解決了。按照計畫，目前已經開始進行每個月二萬件的量產，到了六月一日，我們便有約五千件的產品可投入市場。選在這一天發售，雖然各位可能會擔心庫存不足，但我們研判這樣並不會錯失商機。與其他類似產品相比，「涼感T恤」具有無人能及的涼感功能，行銷和業務部門已經傾全力策畫出以強大功能為訴求的宣傳計畫。雖然比一開始預定的上市日期晚了二個月，但我們預估本產品一上市就會暢銷。透過強化量產體制，我們認為在夏季高需求期賣出五萬件，也就是實現一開始的計畫，並非不可能。

細目2（導致結論的理由）

「涼感T恤」投入市場最大的瓶頸，就是量產體制的確立。將極細的化學纖維與特殊的管狀線加以混紡的技術，很難應用於量產，這就是之前數度延期

上市的原因。而所謂的機密策略，就是與義大利的利納特公司合作。這間公司是機能型運動內衣的製造商，

只要使用他們的特殊紡織機，就能輕鬆依照我們設計的纖維量產布料。不僅如此，就連T恤大量的縫製工作，都可以在這間公司完成，成本也和在日本製造差不多，以結果來說，我們的「涼感T恤」將以完全MADE IN ITALIA之姿，在六月一日問世。

細目3（投入市場計畫的詳情）

（在這裡詳細敘述投入市場計畫的細節。銷售通路、新品發表記者會、報紙廣告、電視廣告、行銷活動、各月份銷售量及業績預測）

細目4（產品的說明與背景・解說）

相信參加本次會議的各位，應該已經對「涼感T恤」有某程度的瞭解了

吧。請容我再重複一次重點。「涼感T恤」是我們公司取得專利，使用具有特殊涼感的高機能纖維製成的男士短袖T恤。當作內衣穿在襯衫裡，體感溫度可下降三度之多。

這是請一百位實驗者穿著本產品的樣品，由獨立研究機構進行實驗所得出的結果，是一個科學性的數據。體感溫度下降三度，可說是革命性的涼感功能。雖然某大型休閒服飾廠商和某大型內衣廠商在三年前就推出類似的產品，但他們的涼感功能與本產品簡直是天壤之別。

說得極端一點，體感溫度的差別就像「冬天和夏天」。穿著本產品的實驗者中，大多數表示「不需要開冷氣」。在講求省電的今年夏天，相信本產品一定會備受矚目，暢銷熱賣。公司的研發部門正致力於將這種涼感高機能纖維應用在各種內衣及睡衣上。另外，或許可說是因禍得福，這次我們其實是因為無計可施，才發包給義大利的利納特公司，沒想到該公司對我們的涼感高機能纖維評價極高，因此決定全面採用本公司的高機能專利纖維為原料，生產他們的機能型運動內衣。

透過與利納特公司的合作，我們的產品將獲得在歐洲市場銷售的機會，高層認為未來的發展無可限量。因此，「涼感T恤」確實是賭上了公司命運的重大新產品。未來的成功當然毋庸置疑，但我們的目標不只是成功，而是令人驚豔的大成功。為此，希望各部門也能提供我們最大的協助。

02

運用新聞體裁，讓對方留下深刻印象

「倒金字塔說話術」範例❷【面試】

我看過無數次面試，根據我的經驗，面試官在自我介紹中想獲得的訊息，就是「求職者以前做過什麼」以及「求職者能做什麼」。**因此，讓面試官覺得「這個人在自我介紹中提到的〇〇（專長等）似乎對我們公司很有幫助。我想再多瞭解一些」，是非常重要的。**

接下來要介紹一個用新聞體裁進行自我介紹的範例。假設此人前來求職的公司是一間消費性產品的製造商。面試時間共十五分鐘，而自我介紹的時間則在四分鐘之內。

範例

只花四分鐘，就能讓對方了解你的自我介紹

標題

我是國立世田谷大學經濟系四年級的山川次郎。目前在經濟學系吉田教授的專題討論課裡學習經濟心理學。我是五月出生的，現在二十二歲。出生於石川縣金澤市，父母和姊姊也住在金澤市。

導言

我〈Who〉在小學四年級時〈When〉，曾經參加〈How〉證券公司〈Where〉所舉辦的「兒童股票講座」，開始對金錢和社會結構產生興趣〈Why〉，因此決定上大學後要專攻經濟學〈What〉。我在專題討論課研究的經濟心理學，屬於經濟學的一環，主要探討人類的心理對國家及世界經濟帶來的影響，同時我也很認真地學習英語。國中時家父教我的特殊讀書方法，到

現在還在使用。我也很喜歡運動，經常鍛鍊身體，因此我對自己的健康狀態和體力很有自信。

細目1（經濟）

「兒童股票講座」並不是教小孩怎麼投資股票，而是簡單說明股票是如何影響社會和經濟的，我覺得很有趣。受到這場講座的影響，當朋友沉迷於「哆啦A夢」的時候，我卻在看「漫畫日本經濟入門」和「浪花金融道」。當然，後來我也有看「哆啦A夢」就是了。高中時期拜讀了馬克斯、凱因斯等經濟入門書籍，很早就決定要在大學修讀經濟學。我現在研究的經濟心理學是一門闡明人類心理如何影響經濟活動的學問。這門學問可以解釋以往透過經濟理論或數值所無法說明的經濟活動，非常有意思。例如，若要解析在雷曼兄弟破產後股價的波動及消費行為的變化，經濟心理學就是最適合的學問。我認為經濟心理學也可以應用在商品行銷上。我非常希望能有機會在貴公司貢獻我的專長。

細目2（英語）

家父教我的特殊讀書方法「RAM」，是Read After Me的縮寫，也就是聆聽母語人士的訪談聲音檔，然後逐字重複朗讀。我把英語學習雜誌附贈的CD加以編輯，當作教材。家父是高中英語老師，這個讀書方法是他自己發明的。家父經常對我耳提面命，說：不好好學英語，未來便無法對社會有所貢獻。

我從國中開始，每天都會進行三十分鐘的RAM。這個方法的效果很好，不只能增進讀與說的能力，就連寫的能力也進步了。去年我在本校與東京都的聖堂大學交換學分計畫中，選修了由外籍教授以英語授課的經濟學與心理學課程，我在這兩門課程的成績都是第一名。

細目3（運動）

我什麼運動都喜歡。小學時參加棒球社，國中參加空手道社，高中參加桌球社，大學則參加網球社。現在每週都會在社團打二次網球。我對自己的健康狀態和體力都很有信心。

細目4（願望）

將來如果能有機會活用經濟心理學和英語，為貴公司服務，將是我最大的榮幸。

在自我介紹時，相當於標題部分的，就是名字、目前隸屬的單位、出生地、年齡、家庭成員等最基本的個人資料。

依照時間限制，可隨意調整重點

導言轉為文字後約一百七十八字，約占四分鐘裡的五十秒。假如自我介紹的時間只有一分鐘，那麼標題和導言就成了自我介紹的全文。假如是二分鐘，那麼就在說完標題之後，再增加一些導言的內容。假如是三分鐘，導言便可將重點放在經濟學，再刪減部分的細目。

各位也許會覺得加入導言後，內容就會重複且浪費時間。**但是聆聽對方說話時，如果一開始先在導言說出重點，細目就更容易在對方心中留下印象。**各位可以試著撰寫有導言及省略導言的二種自我介紹文，並自己錄下來聽聽看。兩者易懂的程度大不相同，相信各位一定會因為兩者的極大差異而感到訝異。

03

「倒金字塔說話術」範例❸【道歉記者會的開場】

務必透明公開，才能取信於人

每天都可以在電視上看到道歉記者會；召開道歉記者的原因有很多，諸如交通事故、爆炸意外、個資外流、醫療過失、做假帳、謊報業績、失言、食物中毒等。我們在電視上看見的道歉記者會，最長也只有幾十秒，但實際上記者會卻至少進行了二十分鐘，有時甚至更長。召開記者會的主角，一般會在記者會開始時進行三至十分鐘的說明，之後再開放記者提問。

在媒體訓練中，我們會將預設的危機狀況製作成文件，而這份文件稱為「腳本」。不過這份腳本當然不像電影腳本那麼厚，大概只有二、三張A4紙而已。

有時候我們會按照一份腳本來進行訓練，但通常我們會製作多份不同的危機狀況腳本，根據每一份腳本，從準備記者會上所需的文件到模擬記者會等，進行各種訓練。

以下是一份假設某企業的客戶個資外流、遭到濫用時的腳本。我們就利用這份腳本，試著寫一篇在道歉記者會開場使用的講稿。

範例

企業的客戶個資外流，並遭到濫用事件的腳本

提供年長者交流興趣、生活點滴的網站「樂齡」，已被證實會員個人資料外流，並被販售給電話行銷業者，用於惡質推銷。

經營「樂齡」的良歲股份有限公司在前天（三月十九日）接到經濟產業省（編註：相當於台灣的經濟部）的通知：「請貴公司確認『樂齡』網站的會員

個人資料是否外洩」。良崴檢查公司的伺服器後，證實了約三個月前，確實有來自國外的位址異常登入的情形，全國約六萬名會員的名字、地址、電話號碼、家庭成員等個人資料因而外流。由於良崴使用第三方支付服務，因此良崴的伺服器裡並沒有信用卡號等與支付相關的個資，也因此沒有外洩之虞。

經濟產業省接到來自全國消費生活中心等單位提報，表示接到許多惡質行銷電話，因此以違反「特定商取引法」（編註：日本針對推銷等特殊銷售行為制定的保護消費者的法律）之嫌，前往東京都內某電話行銷業者進行調查，發現「樂齡會員名冊」也在此業者所使用的名冊之中。此電話行銷業者供稱，他們還在確認這份名冊是否真為「樂齡」的會員名單，而這份名冊購自某名冊販售業者。

經濟產業省告知良崴：「雖然還沒掌握確實的受害狀況，但截至目前為止已有超過六百名會員接到電話，而已經支付給該電話行銷業者的金額總計超過五億日圓，這些會員大多是六十歲以上的長者。」該電話行銷業者所販售的商品是一種稱為「電波治療器」的機器，但購買者最大的不滿，就是「該機器完全沒有療效」——經濟產業省對良歲如此說明。

現在「樂齡」的會員已經沒有再接到行銷電話。此外，在會員的交流網站上也沒有看見類似的行銷貼文。

良歲股份有限公司將在今天下午四點於東京都內召開道歉記者會。

如何撰寫開場講稿？

在撰寫記者會開場講稿時，首先必須挑戰的就是導言。請回想我們在第三章學到的技巧。只要先寫出5W1H的各個項目，再將資訊一一填入，便能輕鬆完成。請參考下頁的導言範例。

導言完成後，下一步就是按照腳本撰寫記者會開場的講稿。在這段說明中，除了報告狀況之外，也必須加入道歉及今後的對策。發言者是良歲股份有限公司的董事長，我將範例中的「導言」寫成董事長發言的口語型態。

◯「道歉記者會」開場講稿

【標題】敝公司的會員個資不慎外流並遭到濫用，本人在此致上最深的歉意，並說明敝公司接下來的對策。

道歉記者會的「導言」

〈Who 什麼〉

提供年長者交流興趣、生活點滴的網站「樂齡」的會員個人資料，

〈How 如何〉

被販售給電話行銷業者，

〈What 發生了什麼事〉

用於推銷沒有功效的治療機器。

〈When 什麼時候〉

「樂齡」在前天（三月十九日），

〈Why 為什麼〉

接到經濟產業省的通知，於是檢查了公司的伺服器，確定了約莫三個月前，確實有來自國外的位址異常登入的情形，

〈Where 在哪裡〉

確定全國約六萬名會員的個人資料因而外流。

範例

「道歉記者會」完整發言內容

標題

敝公司良歲股份有限公司經營一個提供年長者交流興趣、生活點滴的網站「樂齡」。目前已經證實這個網站的會員個人資料〈Who〉外流，並被販售給電話行銷業者〈How〉，用於推銷健康器材〈What〉。前天（三月十九日）〈When〉，我們接到經濟產業省的通知，於是檢查了敝公司的伺服器，確定約莫三個月前，確實有來自國外的位址異常登入的情形，全國〈Where〉約六萬名會員的個人資料因而外流〈Why〉。

細目1（道歉與對策1）

敝公司這次給會員帶來這麼大的困擾，本人在此向各位致上最深的歉意。昨天我們已經用 E-mail 寄出道歉函給六萬名會員，除了說明狀況之外，也特別拜託會員們小心透過電話、E-mail、登門造訪等手法進行的推銷。

藉由這場記者會，我要再次懇請各位會員們務必小心。

此外，除了「樂齡」的會員之外，這件事也讓眾多網路的使用者感到擔憂，對此我們也深感抱歉。為了確實保護使用者的個資，「樂齡」會重新檢視我們與網路相關的所有系統及手續，再也不會發生類似的事件。真的非常抱歉。我由衷地向各位道歉。

細目2（外洩的個資）

洩漏的個人資料包括全國六萬名會員的名字、年齡、地址、電話號碼以及家庭成員。然而與信用卡號等和支付相關的個資並沒有外洩之虞，因為敝公司使用第三方支付服務，因此敝公司的伺服器裡完全沒有與帳務相關的資料。

細目3（資料外洩的原因）

至於會員個資是怎麼外洩的，我們目前掌握的狀況是這樣的。前天（三月十九日），我們接到經濟產業省的通知，說「樂齡」的會員名冊有可能已經外流。

我們請負責管理敝公司網路的公司檢查敝公司的伺服器，發現在約莫3個月前，確實有來自國外的位址異常登入的情形。敝公司每個月至少都會檢查一次伺服器，我們正在調查為什麼在昨天之前，我們都沒發現這個異常登入的紀錄，但目前還沒找到原因。另外，我們也在調查這個異常登入是從什麼地方、由誰、透過什麼方式做的，但目前也還沒找到原因。

細目4（有關外洩的資料落入電話行銷業者手裡）

這間公司用於行銷的名冊之一，確實是從敝公司伺服器外流的「樂齡」會員名冊。我們對照了經濟產業省提供的名單，證實那份名冊就是三個月前敝公司的伺服器遭到異常登入時的名冊。在這份名冊裡，可以看見敝公司伺服器獨特的記號。但異常登入而外流的資料，是透過什麼方式落入電話行銷業者手中的，目前我們也不清楚；另外，我們目前也還沒掌握外流的資訊被誰拿去濫用在什麼地方。

細目5（關於外流資料被濫用）

敝公司昨天獲得經濟產業省的說明。目前只能透漏這間公司利用電話行銷販售的產品叫做「電波治療器AZ」，而全國的消費者生活中心接到了許多消費者針對這項產品的銷售手法和療效的投訴。由於這份調查並不是由敝公司進行的，因此很抱歉，若想知道詳情，請洽詢經濟產業省。

細目6（道歉與對策2）

這次我們的會員資料外流又遭到濫用，敝公司深感歉疚。根據調查，我們已經確定有人透過網路從外面登入敝公司的伺服器，我們會請教專家與政府相關單位未來該如何防止這類異常登入再次發生，以及如何避免會員的個資外流，傾全公司之力預防同樣的事情再度發生。再次深深致歉。

面對記者提問的三大原則：不說謊、不臆測、不隱瞞

相信各位應該注意到腳本裡的內容，並沒有全部使用在良歲股份有限公司董事長的道歉記者會開場說明裡。由於受害狀況的細節等其實只是傳言，不應該由良歲董事長發言，因此我決定這樣撰寫講稿。話說回來，在經濟產業省的說明中，我們得知外流的個資被使用在電話行銷上，而且是惡質的電話行銷，因此我判斷，董事長雖然應該表示「若想知道詳情，請洽詢經濟產業省」，但仍必須在記者會上做某種程度的說明。請參考【細目5（關於外流資料被濫用）】。

或許各位會認為，都已經講到這裡了，為什麼不連電話行銷業者的名字一起公開呢？但我認為這一點應該尊重經濟產業省的判斷。良歲應該在召開記者會之前，先和經濟產業省討論，確認經濟產業省是否同意良歲在記者會中公開他們還在調查中的公司的名稱。

發言內言稍微不誠實，馬上就會被發現

在開場說明裡，先表明「我們證實了經濟產業省查扣的名單確實是『樂齡』的會員名冊，而除此之外的資訊，並非透過良歲自己的調查得知，而是從經濟產業省那裡得知的」。事實也是如此，因此董事長應極力避免代替經濟產業省透露調查內容。

稍微離題一下，新聞曾經報導，有警察或學校因為肇事者要求，而將交通事故中受害者的名字等個人資料告訴肇事者，此事受到受害者與輿論強烈的抨擊。**無論在什麼狀況下，鐵則就是絕不將個人資料洩漏給第三者。如果遇到不得已的狀況，不知該如何是好時，應直接詢問受害者或足以代表受害者的家屬**，唯有在當事者的同意之下，才能將個人資料告訴肇事者或第三者。

在道歉記者會上必須最重視的一點，就是保持「透明公開」。也就是不說謊、不臆測、不隱瞞。面對記者的提問，必須誠實、真摯、清楚地回答，這也是保持「透明公開」的重點之一。

請勿以漂亮的詞藻來發言，畢竟記者不會將發言人所說的每一句話完整報導。他們通常會自行調查，萬一發現不透明的地方，便會鎖定這一點報導。

對召開記者會的人來說，最糟的狀況，**就是被發現發言的內容不誠實或有所隱瞞。一旦失信，我們根本無法預估會對當事者造成多大的傷害。**另一方面，在維持透明公開的態度召開記者會之後，即使出乎意料地被媒體大肆報導，只要不是什麼嚴重的事故或事件，一般都不會繼續報導下去。除非有新的狀況發生，否則媒體通常不會追蹤。

PART 1

網路圍剿與媒體圍剿

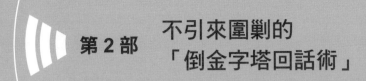

01

如何避免「圍剿事件」

別以為失言事小，圍剿事例比比皆是

因為不當發言被電視或報紙媒體報導，引起輿論發酵，使發言者吃足苦頭，也就是所謂的「圍剿」，從很久之前便存在。

不過，假如只有被一份報紙報導，或只在電視新聞中出現幾次，一般不會被稱為失言事件。**同時被報紙、電視、雜誌乃至於近年的網路等多種媒體多次報導，引起社會大眾反感，並以各種形式波及各個層面，才會被稱為失言事件。**在激烈的採訪與報導競爭下，發言者會遭到制裁、威脅或是被討厭。

網路圍剿指的是「一個人在網路上的發言不謹慎或缺乏常識，引起網友紛紛批評、毀謗、中傷等，而發言者常被攤在陽光下被當作壞人」的現象。

除了不當發言，自以為是、表現出上對下的態度、強加自己的價值觀在別人身上等，也是引來圍剿的原因。而洩漏個資或惡意霸凌等違反網路禮儀的行為，也會被嚴厲糾舉。假冒他人身分或造謠等行為，更會引起網友群起圍攻。

任何人都可能成為被圍攻的對象

網路上的圍剿經常被網路以外的媒體報導，而透過媒體報導得知該事件的人們，又會在網路上搜尋，前往火災現場圍觀或是參與圍剿，使圍剿的規模更加擴大。我自己也曾多次透過雜誌得知網路圍剿行為，而出門看熱鬧。

被媒體報導出來的失言行為，也會在網路上引來圍剿。觀眾在電視上雖然只能看到記者會的一部分，然而透過YouTube、niconico現場直播、Ustream等，便能看到全程記者會。換言之，網路與電視報導的部分不只是互相重疊，網路更有補充電視報導的功能。

網路圍剿延燒，效應如滾雪球

媒體圍剿與網路圍剿間有一個非常大的差異。媒體圍剿是記者、編輯，也就是各媒體在報導的過程中互相競爭，引起圍剿現象，進而反映在報紙或電視報導。非當事者的讀者和觀眾就算參與也只是間接的。另一方面，網路圍剿是網路使用者透過回應或發文而直接引起的現象。因此，不只是政治家或名人可能被攤在陽光下或被當成壞人，也有可能是一般的網路使用者——也就是各位。

有關網路圍剿形成的原因和經過，荻上先生在著作中《網路圍剿—網路聚落失控與可能性》（編註：原書名《ウェブ炎上——ネット群集の暴走と可能性》／荻上吉／筑摩書房／二〇〇七）有詳細說明，我將其中一部分簡要整理如下：

透過網路特有的性質，擁有相同意見或想法的人，可以在短時間內大量互相取得聯繫。**在已互相取得聯繫的團體中，若繼續對話或深入討論，就會形成一種「密室狀態」，有時甚至會以團體為單位出現極端的想法或行動。**這樣的狀態會引發更多團體行動，並逐漸擴散。此種現象是由美國憲法學者凱斯・桑思坦（Cass

R. Sunstein）所提出，一般稱為「群體極化」（cyber cascade）。

荻上先生做出以下的論述：網路世界逐漸成為人們生活一部分，我們有極高的可能性目擊從未想像過的團體行動，甚至成為當事者。因此，我們必須增強有關網路圍剿的各種現象及應對方法。

我是媒體訓練講師，我的授課內容正是幫助大家避免在面對媒體時失言。然而，有時也會有人詢問該如何應付網路圍剿的問題。

我推薦下列兩本著作《不當發言》（編註：原書名《問題發言》，今村守之、新潮新書二〇一二）、《經營者讓公司倒閉的一句話》（編註：原書名《社をつぶす経営者の一言》，村上信夫，中公新書La Clef，二〇一〇）。今村先生的著作收錄約八十五件從二次大戰後至今的失言事例；而村上先生的著作則從失言的觀點舉出約二十五件處理醜聞等事件的失敗及成功範例。

學會精準回話，才能有效處理危機

從失言事件可以發現大部分都不是「自己主動的發言」，而是面對記者「回答問題」時的發言。網路上的圍剿，表面上似乎是以「自己主動的發言」招來圍剿的案例占大多數，然而仔細觀察可以發現，也有不少發文者針對事件所表達的感想，也是導致圍剿的原因之一。

如此一來，相信各位便能了解「回話」的技術有多重要。**避免引來圍剿或失言事件的最佳方法，就是從過去的失敗裡學習。**為此，我們可以透過前面介紹的書籍，掌握過去的事例。下一章將介紹我在課程中講授的內容。相信能做為各位在網路上發言或回應的參考。

02 讓說話更得體的六大關鍵

這樣回話不失禮、不犯錯

❶ 不使用「負面措辭」

表達意見或回答問題時，最重要的就是避免使用負面的措辭。我撰寫本書時，自民黨黨魁安倍晉三先生被選為日本首相，因此好一陣子沒有被討論的修憲問題，接下來或許又會成為話題。

「擁有這種愚蠢憲法的日本，簡直就像個小妾一樣。」一九六八年二月六日的國會記者會上，當時的農林大臣倉石忠雄先生因為感嘆日本的憲法毫無戰力，而做出這樣的發言。這段發言引起了軒然大波，最後倉石先生也辭職了。

倉石先生的發言中遭受最嚴重抨擊的，就是他使用了「愚蠢憲法」及把日本比喻為小妾的負面措辭。現今社會對於這種發言的批判，比當時更為嚴厲。那麼到底該怎麼說才好呢？如果把「愚蠢」換成正面的措辭，可以說「日本擁有非常棒的憲法。然而時至今日，現行的憲法已經變得不合時宜了」。

❷ 不做帶有歧視的發言

絕對不能說出帶有人身攻擊的歧視發言。二〇一一年防衛省（編註：相當於台灣的國防部）的沖繩防衛局長，對於相關單位未明確交代，將普天間機場遷移至邊野古的環境評估報告一事，比喻為強暴女性，並說出「在強暴之前，不會說『讓我上』」這句話，於是立刻遭到解職。

用「小妾」或強暴女性來當作比喻，正是一種歧視。除此之外，我們也要非常小心，避免自己的措辭傷害到弱勢團體或肢體障礙者。我自己也曾在課程中不小心說出「對董事長來說，最大的危機就是像聾子一樣無法掌握狀況」的話而深自反省。

在英語中使用膚色來區分人種是一種禁忌。雖然這與歧視的歷史也有關聯，**但我認為更重要的是不應該以外表、膚色或容貌來區別他人的想法，早已深植他們的心中。**日本的媒體也會使用「非裔美國人」來取代「黑人」的說法。

演歌歌手JERO先生在二〇〇八年出道時，以「日本史上第一位黑人演歌歌手」成功引起了話題。在宣傳活動中甚至使用了「演歌界的黑船」來形容他。平心而論，在日語中「黑人」這個詞彙並沒有那麼強烈的歧視意味，同時這個稱呼也取得他本人同意，因此我認為將它用在宣傳活動上是沒有問題的。

目前非裔美國人用「黑人」這個詞彙來自稱，在美國社會上似乎不會成為什麼問題。只不過當我們用英語說話時，必須格外注意這個詞彙。「白人」、「黃種人」也是一樣。**對於帶有歧視意味的詞彙，每個人的感受不同。人們的想法會隨著時代而改變。**到目前為止，因為自己是日本人，而在美國自稱「JAP」，恐怕還是有些問題的。

帶有歧視性的表達方式或詞彙，究竟有沒有歧視意味呢？其中的差別是很微妙的。某次我去聽一場關於溝通技巧的演講，主講人提到「當一件事情在眾人間流傳時，內容出現了極大差異」的現象，在英語中稱為「Chinese whisper」。當時我心想，在使用這種表達方式時，也必須十分留意才行。宛如傳話遊戲似的現象，並非只存在於中文或中國人之間。「Chinese whisper」或許是在古代英國人歧視東方人的思想下的產物，也有可能是因為英國人不懂中文，才衍生出來的說法。無論如何，我們必須注意將特定的人名、國名等與負面現象相結合的措辭。

❸不對犯罪行為加以肯定

「在強暴之前，不會說『讓我上』」這段發言，除了帶有性別歧視，同時聽起來更像是對性犯罪加以肯定。

在網路上，對犯罪行為加以肯定的留言，或是驕傲地宣傳自己過去曾做過的犯罪行為，都是引來圍剿的原因。曾有一個這樣的案例：一群大學生，因為有集體侵犯女性的嫌疑而遭到逮捕；有人在推特發文表示：「我不覺得他們做的事有什麼錯耶，大家不都在做一樣的事嗎？」於是受到激烈的抨擊。

❹ 批評必須「慎重」

我們批評任何事物時，都會概括說明原因，如果不這麼做就會欠缺說服力。然而在接受採訪時，說明原因的部分很可能被媒體剪掉，只留下批評的片段。由於編輯這些發言的是媒體，因此很多東西都是發言者無法控制的。一旦沒有交代原因的批評在媒體播出，觀眾便會覺得發言者沒有禮貌。此外，遭到批評的人也可能會因為不知道原因而感到氣憤。

媒體這麼做並不是出自惡意，只是因為受到篇幅字數或播出秒數的限制，只能剪下表示批評的部分，或是只能從發言者說出的三個理由中選出一個加以報導。尤其是電視新聞中，**若是遇到只能從發言中剪一小段出來報導的狀況，那麼最後被播出的發言便有可能引起誤會。**

那麼在沒有字數限制的部落格上發表言論時，是不是只要將理由寫清楚，就不會有問題了呢？批評本身並沒有問題，不過根據批評的理由是否具有說服力，各位的發言可能會受到歡迎，也有可能會遭到無視，同時也有可能遭到抨擊。

❺ 一定要清楚誰是「說話對象」

面對媒體或在網路發文時，最該注意的就是切勿搞錯「說話對象」。面對媒體時，一旦錯把說話的對象當作提問的記者，便可能出現無法挽回的狀況。同樣地，要是誤以為「會來看我部落格的都是同一群人」或是「我推特帳號的粉絲只有一百人，而且都是朋友或親人」，將會導致嚴重的後果。

面對媒體時，受訪者說話的對象是讀者和聽眾，也就是幾十萬、幾百萬人。假如因為記者的態度或行為而發怒，就會讓觀眾留下被發言者責罵的印象。二〇〇〇年的雪印集團食物中毒事件中，當時雪印乳業的董事長對記者說出「我可沒睡著」這句話，被認為是導致公司倒閉的原因。董事長才剛在記者會清楚說明，但記者卻追到電梯前繼續追問，因此董事長便氣沖沖地說出那句話。

然而當這句話單獨被剪出來播放時，不明白前因後果的觀眾們就會認為「有一千多人因此而受苦，董事長竟然還表現出這種態度，實在是太過份了！」。因為觀眾們把董事長對記者的怒氣，當作是對自己的怒氣。「我可沒睡著」的影片被廣泛流傳，引起觀眾激烈的反彈，造成圍剿現象。

在媒體或網路上失言，付出的代價超乎想像

仔細想想，一間公司不可能只因為「我可沒睡著」這麼一句話而倒閉。但是董事長因為一時生氣說出的話，一直到現在仍被視為是導致公司倒閉的主因，這便是搞錯說話對象必須付出的沉痛代價。**網路圍剿也一樣，一開始的推文就像是傳給朋友的E-mail，也有可能是企業抱著戲謔態度所進行的「造假宣傳」。**含有批評、負面內容或違反禮節的發言、留言，一旦被媒體報導出來或上傳至網路，就等於是對數千萬的人們傳達訊息，這一點請務必隨時放在心上。

❻評論他人時，必須充分說明並提出證據

引發網路圍剿的原因之一，就是「自以為是」的留言，或是武斷地對他人進行評論。接下來的例子是我在電視新聞上看到的事例。雖然時間有點久遠，卻有許多發人深省的地方。

日本自二〇一〇年起，強制規定醫療機構必須發行診療明細表，因此現在許多醫院除了收據之外，也會將治療藥物明細表交給病患。在二〇〇六年左右，國家層級的審議會以及媒體，曾針對是否應強制規定醫療機構發行如同醫療費用申報表般的收據，而展開熱烈的討論。所謂的醫療費用申報表是醫療機關為了向患者所加入的健保單位，請求支付保險所負擔之部分金額而開立的明細表。

當時，一位日本醫師會的高層在電視節目表示，他反對規定醫療機構發行如醫療費用申報表一樣詳細的收據，理由有三點：❶幾乎所有的病患都會將明細表丟棄，❷就算提供和醫療費用申報表一樣詳細的收據，一般人也看不懂，有時甚至連醫師都看不懂，❸發行這種收據會讓醫療事務更繁雜，對醫院造成負擔。

千萬不可武斷地做出評論

我從來不會立刻把醫療明細表丟掉，身邊有許多人也都會把收據妥善保存，作為報稅時申報列舉扣除額的證明。因此❶的評論讓我感到不愉快。他說「幾乎所有的病患」都這麼做，但他所謂的「幾乎」，究竟占了多高的比例呢？此外，關於❷的「一般人也看不懂」也是一樣，病患被投了什麼藥、接受了什麼樣的治療，其實只要知道藥物或治療方式的名稱，在網路上搜尋，就能大致明白，更遑論「有時甚至連醫師都看不懂」這句話，聽起來更是狂妄而無禮。

站在發言者的立場，❶和❷這兩點，都是「武斷地對他人進行評論」。相對於此，❸所提到的「讓醫療事務更為繁雜」，則是針對自己業務的發言，因此可以理解。

清楚說明背後的理由，才能讓他人信服

根據日本經濟新聞在大約五年後，也就是二〇一一年十二月的報導，有大約四成的病患認為與醫療費用申報表同樣詳細的收據「內容太專業，難以理解」；此外，報導也指出，醫療費用申報表是由專門的軟體根據電子病歷的診察內容自動製成的，因此即使是醫師，也不一定瞭解其詳細內容。

從這篇報導看來，當時那位醫師會高層的說法，其實並不算錯，或許也不算失言，但我認為問題在於他的表達方式。

這和「別搞錯說話的對象」也有關係——當面對有正反兩面意見或較敏感的議題時，我們絕對不能忘記，自己的發言同時也會傳達給為數眾多的反對者。當反對者聽見與自身相關的事情受到武斷的評論時（就像「幾乎所有的病患都會將明細表丟棄」），在查證該發言是否為事實之前，就會先覺得那是發言者單方面的發言，而感到不愉快。「就算提供了，一般人也看不懂」這種說法，聽起來甚至帶有歧視意味。

若因為立場的關係，不得不針對敏感的問題進行評論，那麼最重要的就是將自己主張的理由說明清楚。以❶為例，想要表達「幾乎所有的病患都會將收據丟棄」的意思時，**應該提出「根據○○的調查顯示，有大約△△成的患者會立刻將收據丟棄」這樣的證據來佐證。**表達❷時則可以說明所謂醫療費用申報表是為了請求保險單位支付診療費用的明細表，與醫師撰寫電子病歷的形式不同。這麼一來「有時甚至連醫師都看不懂」這句話，聽起來就不會如此令人不悅了。

第 2 部 不引來圍剿的「倒金字塔回話術」

PART 2

「圓融說話、精準回答」立刻說服各種人！

01 分析問題結構，學會回話的藝術

發言和回話的差異

學習說話方式時，通常也會一起練習「回話方式」。幾年前我曾聽過一場演講，主題雖是「擅於聆聽的人也擅於表達」，但內容卻不是教導如何聆聽和表達，而是如何高明地針對對方提問做出「回話」。聽眾大部分是年長者，他們把說話的對象設定為自己的媳婦、女婿，或是已經成年的兒女，專注練習著如何體貼地回答問題。

媒體訓練中，我們將「說話方式」和「回話方式」分開指導，利用記者會開場的簡短致詞來練習說話方式（發言），利用模擬訪談來練習回話方式（答覆）。

「發言」是自己陳述意見，而「回話」則是針對問題回答。站在表明意見的立場來看，回話也是發言的一種型態。然而，與自己進行評論或演講不同的是，回話時，對方的問題會對回答內容帶來很大的影響。有時候，即使是相同的回覆，只要把提問的部分刪除，該答覆聽起來可能與回答者的想法完全相反。

輕忽誘導性問題，很可能會愈描愈黑

這是我在擔任媒體訓練講師前的故事，某份全國性的報紙報導了某位建設公司的董事長說的一句話：「私下協商是必要之惡」，而使該董事長被迫辭職。

董事長說出「私下協商是必要之惡」這句話的確是事實。然而以公關顧問身分在場見證的我，則完全感受不到董事長主張「私下協商是必要之惡」的意思。這句話被報導出來後，董事長對我說，他從來不認為私下協商是必要之惡。然而，冷靜重聽一次訪談錄音後，我們發現確實有好幾個地方，讓人聽起來覺得他說了「私下協商是必要之惡」。

站在董事長和我的立場看來，那篇報導完全肇因於記者誤解的錯誤報導，但誤解的原因之一，卻是董事長的說話方式及回話方式。董事長回答記者的提問時，用的是從業界背景開始敘述的「時序性」說話方式。換言之，董事長給了記者更多想象的空間。

之後又出現更大的問題。記者試圖引導董事長說出「私下協商是必要之惡」這句話，而董事長也真的上當了。這就是此次失言風波的最大原因。一般認為，錯誤報導的原因包括誘導式問題、設下陷阱的問題及誤導式問題等。接下來要學會如何有效率地進行答覆及面對令人傷腦筋問題時的回話技巧。

02

冷靜回話三部曲

回話要有層次，有效解決突發問題

媒體的訓練課程會將問題分成二種類型，分別練習最適當的回答方式。

第一種是「一般問題」。這是單純尋求資訊的問題，大多是我們有能力回答的問題，有時也會是自己想回答的問題。面對一般問題時，我們可以利用在第一部學到的新聞體裁，清楚又不被誤解地進行答覆。

第二種類型則是不想回答、難以回答、不知道答案、可能會引起失言的誘導式問題或設下陷阱的問題等。這些統稱為「令人傷腦筋的問題」。

為什麼要分成二種類型呢？因為「一般問題」只是尋求針對事實、現狀的簡單說明，但「令人傷腦筋的問題」尋求的則是回答者困惑的反應，有時對方甚至是刻意想造成發言者做出不適當的發言。想要有效回答這些問題，我們必須使用與新聞體裁回答法不同的方式來答覆。

我們先學習利用新聞體裁回答「一般問題」。新聞體裁回答法會將答覆內容分成三個部分依序回答。

❶標題答覆（相當於新聞體裁的「標題」）

❷導言答覆（相當於新聞體裁的「導言」）

❸細目答覆（相當於新聞體裁的「細目」）

在第一部的134頁，我舉出了「在求職面試中的自我介紹」的範例。現在我們再使用這個範例，學習用新聞體裁回答問題。

問題1

您認為經濟心理學可以如何應用在商品行銷呢？〈How〉

標題答覆

我認為可以推出商品的復刻版〈How〉。像是貴公司的ＡＢＣ刮鬍舒緩乳液，假如現在推出復刻版，一定能帶給消費者強烈的印象。

問題的本質是How。因此在【標題答覆】的部分，只針對How來答覆。接著在【導言答覆】說出５Ｗ１Ｈ剩餘的資訊。

導言答覆

復刻版商品〈What〉會大大地影響消費者的心理。以我為例，我很懷念五年前ＡＢＣ刮鬍舒緩乳液〈When〉的設計。乳液的包裝上用了一張白人男性笑盈盈地將手放在下巴上的插圖，容器是玻璃製的。我父親從以前一直就使用那款乳液〈Why〉。每次看見那個容器就會有一種。以前我家的洗臉台

〈When〉總是放著那款乳液。遺憾的是，看到現在的包裝就沒有太大的感覺了。假如推出復刻版我一定會買。不但我自己會使用，更會買來送給父親。

細目答覆1（經濟心理學）

經濟心理學的基本概念，就是認為消費者並不一定永遠都是合理的。我上網查過貴公司的香水大約有十種，而價錢和產品形象也都各異其趣。而我有很多想法想提議給貴公司，例如將香水設計成系列產品，抓住消費者想收集齊全的心理，或是販售幾款超高級香水，滿足消費者想追求稀有產品的心理等。將經濟心理學應用在行銷上的好處之一，就像推出復刻版，可以在製造話題上有很大的貢獻。

問題 2

您提到令尊發明的獨特英語學習法〈What〉，可以請您再更詳細地說明嗎？

標題答覆

是。這種學習法叫做RAM〈What〉。這是Read After Me的縮寫，也可以叫做「複誦」學習法。

導言答覆

我父親相信，大聲複誦〈How〉母語人士所朗讀的短文或說出的句子，也就是張開嘴巴發出聲音〈What〉，是最有效果的學習法〈What〉。家父在高中〈Where〉擔任了二十多年〈When〉的英語老師，他表示持續透過RAM練習的人，英語全都學得很好。我每天都花三十分鐘複誦父親所製作的教材，持續下來，我的說、讀、寫都進步了。不知不覺中，我已經把教材裡的文章背熟，英文說得非常流利〈Why〉。

細目答覆1（RAM的教材）

在進行RAM學習法時，必須將十分鐘的母語人士朗讀或錄音檔剪成許多段，並在每一段中間留下複誦用的空白時間，製作成光碟。因此，每一段教材大約是二十~三十分鐘。家父使用二台錄音機，親手製作了大約五百份的教材。我從國中一年級到現在，每天都進行三十分鐘的RAM，從未間斷，因此我可以將五百份教材全都背出來。最近我開始自己製作程度更高的教材。

問題 3

除了我們公司，您還有應徵其他公司嗎〈Who〉？

標題答覆

除了貴公司之外，我還應徵了另外三家公司〈Who〉。但是我最想進入的還是貴公司。

導言答覆

我應徵的另外三家公司〈Who〉都是總公司位在東京〈Where〉的化妝品製造商〈What〉。它們都是在二次大戰前〈When〉就開始營業的公司，但是站在我的立場，我還是希望能進入一家未來有許多成長空間、能將所學的知識實際應用〈How〉的公司〈Why〉。我看了《GIGA JOB》這本求職雜誌上的報導，覺得貴公司正是這樣的公司。

細目答覆（GIGA JOB）

最新一期的《GIGA JOB》裡，針對貴公司製作了特別報導，報導裡提到貴公司行銷部門的年輕員工，用日本酒的名字替泡澡劑命名的行銷奮鬥史。我看了之後覺得很感動。該產品的目標鎖定在二十至二十九歲的女性，而非阿姨、叔叔，而結果非常成功。那位員工形容這是一種「驚喜行銷」（surprise marketing），而我所學習的經濟心理學，正好能解釋這樣的行銷手法為什麼會成功。我非常希望能進入一間可以讓我發揮這項專長的公司。

接下來，我們用**【企業的客戶個資外流事件】**這個範例，學習如何在記者會上利用新聞體裁回答記者的提問。（請參照第一部的141頁）

問題 1

▼ **除了該電話行銷業者外，樂齡的會員名冊是否也有可能已經流向其他業者？請問貴公司是否確定會員名冊沒有遭到其他業者濫用？**

這個問題的本質，直到最後一句話才出現。另外，如果不從問題的本質開始回答，就有可能被誤解。問題❶的本質是「請問貴公司是否確定會員名冊沒有遭到其他業者濫用？」範例中我們的設定是在當時還不清楚客戶名冊是否遭其他業者濫用，因此標題答覆如下。

標題答覆

「不，我們無法確認樂齡的會員名冊是否遭到其他業者濫用」或是「我們目前還沒接到其他業者濫用樂齡會員名冊的消息」。

問題❶中，在問題的本質之前，還有一個輔助性的問題，也就是「除了該電話行銷業者之外，樂齡的會員名冊是否也有可能已經流向其他業者？」以下是針對兩個問題回答的標題答覆範例。這時也必須先回答問題的本質。

標題答覆

不，我們無法確認樂齡的會員名冊是否遭到其他業者濫用。但我們不能否認會員名冊已經流入其他業者手中的可能性。

最重要的是答覆不能就這樣結束。進行媒體訓練時，我發現有些學員無論面對什麼樣的問題，都只會回答「是」或「不是」。這些人的想法大多是「要是說太多，可能會被誤解」、「要是多說什麼，會被反駁」，但事實完全相反。假如什麼也不說，反而會刺激對方的想像力。不僅如此，甚至有可能引發「你是不是把提問者當作笨蛋？」、「你是不是在隱瞞什麼？」等出乎意料的嚴重誤解。其實

「就是因為什麼都不說，才會被反駁」。**對方針對沒有被回答的部分抱持疑問，同時對這個疑問發揮想像力。根據這些想像，提問者便會接連提出更多超乎回答者想像的問題。**

答覆不能只停留在是、不是的【標題答覆】，而應該「在被問到之前，先提供所有問題的答案」。在【標題答覆】之後，請加上【導言答覆】，針對5W1H的所有疑問進行回答。例如下面的範例。

標題答覆

該電話行銷業者〈Who〉表示，他們是從國內〈Where〉某名冊販售業者那裡〈How〉，購得敝公司的會員個人資料的〈What〉。這件事是我們前天

〈When〉從經濟產業省得知的。我們非常嚴肅地看待這件事。假如電話行銷業者對經濟產業省的供述是事實，那麼我們就不得不承認敝公司客戶的個人資料可能已經流入其他電話行銷業者手中〈Why〉。我們會竭盡所能，避免讓「樂齡」的會員客戶遭受更大的傷害。

對於「樂齡的會員名冊是否也有可能已經流向其他業者？」這個問題的所有疑問，都已經在【導言答覆】裡用5W1H的形式提供了答案，而聽完這個回答，記者便沒有發揮想像力的餘地。如此一來，記者就很難再針對這個問題追問。即使追問了，由於答案已經全都說出來了，問題也會變得比較不尖銳。不僅如此，記者往往會根據回答的一部分進行追問。換句話說，也就是只要搶先一步說出來，就能將問題誘導至我們早就準備好詳細答案的地方。

記者在聽完【導言答覆】後，有極高的可能會提出**問題❷：「您提到貴公司**

會竭盡所能，避免讓樂齡的會員客戶遭受更大的傷害，請問具體而言，貴公司將採取什麼樣的做法？」

「就是在等這個！」這便是此時的心情。只要記者提出這樣的問題，發言者就能詳細說明樂齡進行的對策。在事故或醜聞的記者會上，只要說明對策，便能讓相關人士、讀者和觀眾感到安心。

針對問題❷的答覆

敝公司昨天已經寄出Email給六萬名會員，除了針對這次的事件鄭重道歉外，也向會員們說明了個資流出的狀況，並拜託會員們千萬要注意透過電話、Email或直接登門造訪等的推銷行為。在這場記者會上，我也想透過各位媒體朋友的協助，再次請求各位會員務必要多加留意。

這段【針對問題❷的答覆】，其實是詳細說明了一部分【標題答覆】的【細目答覆】。在【標題答覆】之後，亦可緊接著說出下面的【細目答覆】。

下面範例中，只有一個【細目答覆】，但一般通常不只一個。

問題 3

▼ **「樂齡」的會員當中，有沒有人向貴公司反映他們因為個資外流而蒙受損害，或是遇到強迫推銷的情形？**

標題答覆

敝公司沒有接到任何來自「樂齡」會員的相關聯繫。事發後，我們立刻檢查了「樂齡」交流網站上的留言，也並沒有發現疑似推銷的留言。

導言答覆

根據敝公司從經濟產業省得到的消息，據說直到昨天為止〈When〉，全國消費生活中心〈Where〉大約接到〈What〉六百件與此電話行銷業者所販售的「電波治療器」及其強迫推銷手法〈How〉〈Why〉相關的舉報〈Who〉。這些受害者當中是否有「樂齡」的會員，敝公司會盡速查明。

細目答覆

在調查過程中，我們會透過信件或電話，直接與會員取得聯繫。敝公司瞭解全國消費生活中心無法透露曾與該中心聯絡的消費者姓名等資料。相對地，敝公司也無法提供會員資料給全國消費生活中心，因此我們會直接與會員取得聯繫，進行調查。

下頁的範例是記者一口氣提出三個問題的例子。遇到這種狀況時，可以將問題逐一複誦之後，再進行答覆。下面的範例中省略了【細目答覆】。

問題 4

您提到貴公司已經確認在大約三個月前，確實有來自國外的位址異常登入的情形，針對這一點，我想請教三個問題。所謂的國外是什麼地方？當時貴公司是如何透過此事判斷「樂齡」的個資外流？為什麼貴公司長達三個月的時間，都沒有發現異常登入的情形？煩請回答以上問題。

標題答覆

請容我逐一回答您的問題。第一個問題，您問到異常登入是來自於哪個國家，答案是「中國」。但目前我們尚無法得知此異常登入是直接來自於中國國內，還是經由中國伺服器登入的。

導言答覆

根據敝公司委託之伺服器管理公司的說法，我們得知〈What〉異常登入〈How〉來自中國〈Where〉的伺服器〈Who〉。但是目前為止〈When〉，我們仍無法確切掌握駭客的所在位置〈Why〉。我們會盡全力協助相關單位進行調查。此外，我們也會詢問中方是否能與其核對該伺服器的通訊紀錄，敝公司會盡最大的努力追究出原因。

標題答覆

第二個問題，您問到敝公司是如何透過此事判斷「樂齡」的個資外流。這是敝公司在詳細檢查伺服器的登入紀錄後所得到的結果。

導言答覆

在我們仔細檢查了伺服器的登入紀錄〈How〉後，發現去年十二月二十日〈When〉，有人二度試圖透過中國的〈Where〉伺服器，以不法的方式存取〈What〉儲存在敝公司伺服器中的客戶個資〈Who〉。我們調查過當天以前的三年內，以及從十二月二十日到今天的所有登入紀錄，但是沒有發現其他異常的登入情況〈Why〉。從個資的內容，我們也確認了電話行銷業者用於推銷的會員名冊，正是十二月二十日流出的「樂齡」會員個資。

標題答覆

第三個問題，您問到敝公司為什麼長達3個月的時間，都沒有發現異常登入的情形。敝公司在前天接到經濟產業省的聯絡而仔細檢查登入紀錄之前，確實完全沒有發現異常登入的情形。我們正在調查為什麼沒有發現。

導言答覆

敝公司的伺服器，一直是委託專業公司〈Where〉負責維護〈How〉的。只要有任何人攻擊我們的伺服器、或是登入伺服器的速度變慢、或是有人寄來病毒、或是中毒〈Who〉，我們都能夠立刻解決〈What〉；但是至少在過去一年內〈When〉，都沒有出現察覺異狀並進行處理的案例〈Why〉。除此之外，我們每個月都會進行一次伺服器定期維護，並檢查登入紀錄，而十二月二十日的異常登入，敝公司應是疏漏了。我們會仔細調查原因，用盡一切方法避免再次發生未發現異常登入的疏失。

03

如何回答「令人傷腦筋的問題」？

標題答覆↓橋樑↓關鍵訊息

前一節介紹的回話方式適用於回答「一般問題」。而面對「令人傷腦筋的問題」時，則必須使用不同形式的回答方式——也就是拋出「關鍵訊息」。面對令人傷腦筋的問題時，說服力道最高的回話三步驟如下：**❶用【標題答覆】簡潔回答、❷放入【橋樑】、❸連結至【關鍵訊息】明確提出主張。**

第❶點與一般問題的【標題答覆】相同。相當於新聞體裁的【標題】。第❷點的【橋樑】則扮演從【標題答覆】進入【關鍵訊息】的角色。第❸點的【關鍵訊息】則是明確提出主張，避免引發誤解的重要概念。接下來將會仔細說明。

04

從四個角度思考「關鍵訊息」就是自信的開場白

「關鍵訊息」就是在記者會或訪談中想強烈表達訴求時，以條列方式寫下的發言或答覆重點，可分為下列四種類型：

類型❶ 事實

在記者會上必須清楚說明事故的過程。我們以會員名冊流出的道歉記者會為例，試著挑出其中與事實相關的關鍵訊息。

- 樂齡的會員名冊被駭客入侵並外流。

- 據傳駭客是從中國的伺服器登入，但尚未確定。
- 會員名冊透過名冊業者流入電話行銷業者手中，被濫用於推銷行為。
- 被推銷的商品為「電波治療器」，但消費者購買後，發現它根本沒有療效，於是紛紛向全國的消費生活中心投訴。
- 目前並不清楚樂齡的會員是否購買了這項商品。公司將立刻著手調查。
- 目前並不清楚會員名冊是否遭到其他業者濫用。

類型❷ 道歉

- 對會員們造成困擾，我們深感抱歉。
- 不只是樂齡的會員，就連眾多網路使用者都感到不安，我們由衷致歉。

類型❸ 公司的基本理念

第四種關鍵訊息非常重要。發言者必須表明「公司理念、迄今對防止個資外流所做的努力、關於網路安全的基本想法」等。當然，這些都必須是事實。

- 我們一直非常謹慎地保護會員的個資。
- 其中一項就是委託頂尖的網路安全公司進行管理，以確保伺服器安全。
- 我們之所以不將與支付相關的個資儲存在敝公司的伺服器裡，正是基於敝公司保護個人資料的精神而做的決定。

類型❹ 今後的對應及預防對策

接下來一定要表明會進行那些補救措施、為了避免再次發生相同的事故或事件，我方會採取什麼樣的措施等，民眾才會感受到道歉的誠意。

- 我們會盡一切努力，避免樂齡的所有會員再次蒙受損害。
- 我們會努力做好個資保護，重新檢討樂齡網站的系統設計與登入步驟。
- 我們已經寄信給六萬名會員，請會員們務必注意透過電話、E-mail或直接登門造訪等的推銷行為。

關鍵訊息的擴充

我們始終致力於保護個人資料。為了確保伺服器的安全，我們委託了業界頂尖的公司進行管理。而我們之所以不將與支付相關的個資儲存在敝公司的伺服器裡，也是基於確保安全性與敝公司保護個資的精神而做的決定，也因此以結果來看，我們成功防止了帳務資訊的外流。然而，這次不慎讓個資外流是事實。透過調查，我們已經確定有人透過網路非法入侵敝公司的伺服器，而未來該如何避免這種惡意入侵再次發生，又該如何防止個資外流，我們會與專家及政府相關單位進行研討，傾全公司之力，極力防止類似事件再次發生。

道歉聲明必須「深植人心」

道歉記者會上會出現許多負面問題，例如「為什麼會發生這種事？」、「誰要負責？」、「是誰的錯？」、「是不是哪裡出現漏洞？」、「為什麼沒發現問題？」等。面對負面問題，最重要的態度就是是誠實回答，確保公開透明。倘若逃避或隱瞞，那麼不只沒有良心道德，事實也遲早會曝光，社會大眾終將知道你在說謊，且遭受更大的損失。

話雖如此，面對記者的負面問題，雖然誠實回答，還是有可能變成一場極度黑暗又負面的記者會。這麼一來，就會在民眾的心中留下「這間公司完蛋了」的印象。舉行道歉記者會的目的絕非如此。對於已經發生的事情必須老實承認並道歉，**將「未來絕對不會再犯」的印象深植人心，讓民眾覺得「我知道了，希望你們能再多加油」**——這才是道歉記者會的最終目的。

05

用「橋樑」強化關鍵訊息

增加說服力的【橋樑】

面對負面的問題、令人傷腦筋的問題時，若想明確地答覆最重要的就是在答覆中明確提出關鍵訊息。然而從【標題答覆】進入【關鍵訊息】時，如果沒有加入一些類似「橋樑」的緩動句，便會讓人感到唐突。這絕對不是什麼困難的知識。在日常對話或商務會話中，其實每個人都在使用這個技巧。

假設太太問你：「你最近是不是喝太多酒了？」而你回答：「沒有吧。我這禮拜只有出差時喝了二次而已啊。是不是因為我昨天在家喝酒，所以妳才會有這種感覺啊？其實最近我喝酒的量有減少耶。」

對話中**「是不是因為我昨天在家裡喝酒，所以妳才會有這種感覺啊？」**這句話，就是從【標題答覆】「沒有吧。我這禮拜只有出差時喝了二次而已啊」，進入【關鍵訊息】「其實最近我喝酒的量有減少耶」的【橋樑】。即使沒有這句話對話一樣能成立；但若【橋梁】加入則會強化關鍵訊息，同時避免唐突的感覺。

接下來介紹面對各種令人傷腦筋的問題時，使用【橋樑】的回答方式。

【標題答覆】**誠如您所言＋句子**→【橋樑】**但若再補充一下**→【關鍵訊息】

【標題答覆】**不是那樣的＋句子**→【橋樑】**為什麼呢**→【關鍵訊息】

【標題答覆】**這一點我不清楚＋句子**→【橋樑】**據我所知**→【關鍵訊息】

【標題答覆】**很遺憾，以前是那樣沒錯＋句子**→【橋樑】**但是現在不同了**→【關鍵訊息】

接下來介紹利用上述技巧有效答覆的案例。

範例 1

▼ 自從核能發電廠發生意外之後，用於火力發電的ＬＮＧ的進口量便不斷增加。聽說ＬＮＧ是一種環保能源，對嗎？

標題答覆

誠如您所言。ＬＮＧ是冷卻、液態化後的天然氣。天然氣燃燒後產生的二氧化碳，比石油和煤炭等其他的石化燃料少二～四成，而且幾乎不會排放出硫氧化物與煤塵，是一種非常環保的能源。

橋梁 **但若再補充一下，**

關鍵訊息

最近幾年，美國大量生產一種叫做頁岩氣的天然氣，這種天然氣是在非天然氣田的地方被開採的。此外被封在海底地層下的甲烷水合物，也被視為一種豐富的天然氣資源而大受矚目。由於日本近海也豐富地蘊藏著這些天然氣資源，根據未來實際運用的狀況，日本也可能成為能源大國。再加上不斷進步的風力、太陽能、地熱發電等能源，只要將ＬＮＧ作為能源發電中樞，即使不仰賴核能發電，我們也能擁有環保、安全、長期而穩定的能源。

第二個事例則是使用「為什麼呢？」做為橋樑來闡述「尼特族並非因為日本社會變得富足才日漸增加」這個的關鍵訊息。

範例 2

▼ **據說在日本不工作或是不上學的年輕人，也就是所謂的「尼特族」多達一百萬人。會有這麼多的尼特族，是不是因為日本社會太過富足所造成呢？**

標題答覆 **不是那樣的。**尼特族的人數和日本經濟環境富足沒有關聯。我反而認為這個數字代表日本社會對年輕人非常嚴厲的一面。

橋梁 **為什麼呢？**

關鍵訊息

尼特族當中，除了「不工作的人」或是「不用工作的人」之外，也包含了「無法工作的人」。也就是因為肢體殘缺、生病、社交恐懼症或其他心理疾病而無法工作的人。根據厚生勞動省的定義，在年齡層為十五～三十四歲的勞動人口當中，排除學生和家庭主婦後，沒有求職行為的人，便是所謂的尼特族。事實上有許多年輕人即使想工作，也因為種種理由而沒有辦法求職。無論如何，我認為因為經濟環境富足而不工作的尼特族，應該只占了極小部分。

範例 3

▼據說貴工廠的牆壁使用了大量石棉作為隔熱材料，讓作業員的健康出問題，員工工會正準備向貴公司提出告訴。請問這件事是真的嗎？

標題答覆 **這一點我不清楚。**我們確實與工會談了很多次，但是完全沒有聽說有關提出告訴的消息。

橋梁 **據我所知，**

關鍵訊息 敝公司有一間工廠是在一九六〇年建造的，我們認為該工廠使用石棉建造的可能性很高，因此進行了檢查。我們發現工廠的天花板和牆壁都使用了石棉作為隔熱材料。我們立刻讓工廠停工，並委託專門公司來清除石棉。同時，我們也針對每一位員工實施追蹤調查與健康檢查。目前我們並未發現任何作業員的健康狀況受到損害。對我們來說，維護作業員的健康是目前最重要的事，我們已經決定在石棉清除完畢後就將這座工廠關閉。

範例 4

▼▼ **據傳貴公司的客服風評似乎不太好。聽說無論什麼時候打電話進去，都是電話中。**

標題答覆 **很遺憾，以前是那樣沒錯。**我們的售後服務確實沒有急速的成長。

橋梁 **但是現在不同了。**

關鍵訊息

敝公司成長策略的核心，就是售後服務的充實與擴大。去年我們將客服部門的人員增加至三倍。除了產品的維修和維護外，我們更計畫未來將結合敝公司的其他產品及服務，提供前所未有的服務。不久之後，我們就會正式公開發表這個戰略性的客服計畫。

06

【標題答覆】的最佳開頭句

第一句話這樣說，反駁對方不失禮

前面範例中使用在【標題答覆】開頭句是「誠如您所言」、「不是那樣的、這一點我不清楚、很遺憾，以前是那樣沒錯」等單純的文句。這些都只是接近「是」、「不」、「兩者皆否」等類似感嘆詞的句子。

我們也可以使用其他句子。例如想要直接反駁對方的問題時，就可以用「**請先讓我解釋清楚一點**」、「**您說的〇〇雖然正確，但是我認為△△是不對的**」等作為【標題答覆】的開頭。舉例如下：

範例1

生物燃料是用玉米或甘蔗等糧食製成的工業製品，例如乙醇燃料等。這種燃料會不會是造成穀類價格飆漲、導致全球性饑荒的愚蠢政策呢？

標題答覆 **請先讓我解釋清楚一點。**在普遍推廣生物燃料的時候，穀類的價格會出現短暫的飆漲，是因為投機性資金流入的關係。

橋梁 **我們必須以長遠的眼光來看。**

關鍵訊息 石油並非永續性的能源，我們必須開發各種替代能源。生物燃料的原料並不只是玉米或甘蔗等可以當作糧食的穀類作物，一些無法當作食物的農產廢棄物、木材加工廢棄物、森林的間伐材、生活中產生的垃圾、海中的藻類等，都可能作為原料。我認為不與糧食競爭的生物燃料，在未來極可能得以實際運用。

除此之外，適合用於【標題答覆】開頭的句子還有下列幾種：

- 我們並不這麼認為
- 那並不是我可以判斷的問題
- 那只是樂觀的預測
- 您的想法太悲觀了
- 這個問題不是三言兩語就能回答的
- 關於這個問題，我想世上沒有人能抱著百分之百的自信回答
- 或許也有那種看法吧
- 我們也正在進行研究和分析

接著將利用上述句子舉例。

範例 2

▼ 關於加重酒後駕車罰則一事，有人認為設有停車場，同時又販售酒類的餐飲店，也應該適用於提供酒類的罰則。關於這點請問您的想法是？

標題答覆 **我們並不這麼認為。**法律雖然禁止汽車駕駛人喝酒，但是乘客喝酒是沒有關係的。

橋梁 當然我們也不是在一旁袖手旁觀。

關鍵訊息 我們非常努力積極地避免酒後駕車的發生。服務生在接受點菜前會先對客人說：「本店無法提供酒類給開車的客人，請您諒解。」此外，我們也會在菜單上以較大字體印製「酒後駕車是違法行為」的警語。

範例 3

▼ **一般食品的放射性銫暫定限制值為每一小時五百貝克以下，而有機肥料的標準值則被訂為四百貝克。站在肥料製造商的立場，請問您對這個標準的看法如何？**

標題答覆 **那並不是我們可以判斷的問題**。農林水產省表示，這個規定的目的，是希望就算農民用符合標準的方式連續四十年將肥料使用在農地上，農地中放射性銫的數值也不會高過核災發生前的最高數值。

橋梁 對製造商來說，最重要的，

關鍵訊息 就是絕對不生產、不販售數值超標的產品。一旦農地的土壤受到污染，農作物就有被污染的危險。我們認為肥料與食品安全有著密不可分的關係，為了確保安全，我們會強化生產與檢核體制，採取萬全的對策。

範例 2

▼ **因為遭受職權騷擾（power harassment）而求助於勞働局的案例年年增加。是不是一定要將弱肉強食的思想趕出職場環境，才有可能消除職權騷擾呢？**

標題答覆 **或許也有那種看法吧**。但是這種想法應該「知易行難」吧？

橋梁 我們認為應該有即效性的方法，可以立刻減少職權騷擾。

關鍵訊息

為了防止職權騷擾，現在最需要的是改善經營高層的想法。假如經營高層能夠主動意識到職權騷擾的問題，認真面對職權騷擾，強調職權騷擾是社會上不被允許的事，展現出積極改善公司內部環境的態度，那麼相信職權騷擾必定會大幅減少。

PART 3

「令人傷腦筋的問題」這樣回話就對了！

面對難搞問題的急智回話術

依照問題類型回話，說服超簡單

接下來透過各種範例來學習面對「令人傷腦筋的問題」時的應對話術。令人傷腦筋的問題有很多種，包括關於隱私的問題、負面問題，或是不想回答的問題，此外更令人傷腦筋的問題，則是「設下陷阱」或「誘導式」的問題。我將問題區分成以下幾類：

❶ **不想回答的問題**——面對關於自己或相關人士的缺點等負面問題時，如果誠實回答，可能造成負面的影響。

❷ **不可以回答的問題**——如個人資料、公司尚未正式公開的策略、合作的內

容或對象等。

❸ **難以回答的問題**——如核能發電的安全等。

❹ **沒有人知道答案的問題**——如日本十年後的經濟狀況、未來日、美、中的關係、宇宙的盡頭是什麼等。

❺ **惡意的問題**——明明是正派的服務業，卻被問貴公司是獵人頭公司嗎？

❻ **設下陷阱的問題**——一邊說「維護業界的秩序是很重要的對吧？」卻又試圖引導出「私下協商是必要之惡」這樣的發言。

❼ **誘導式問題**——「〇〇在這一點上很奇怪對吧？」等等。先表示競爭對手目前正陷入苦戰，再問道：「現在正是大好機會對吧？」。

❽ **誤導式問題**——針對一項賣得不好的產品，問道：「這個產品非常暢銷，您認為原因是什麼呢？」就算回答「我不知道」，接下來的對話也會以「非常暢銷」為前提而進行。

❾ **假設性問題**——「總理，要是這個法案沒有通過，您就會辭職嗎？」等。

⑩模糊的問題——不知道對方究竟想問什麼的問題，還不少呢！。

⑪範圍太廣的問題——「請說說您的人生觀」、「請談談貴公司」。

⑫不是問題，而是提問者的不當發言——「您真是愚蠢啊」。

除了上述問題之外，相信還有其他種類的「令人傷腦筋的問題」。接下來，是每個種類的答覆範例。請注意【橋樑】部分；而在【標題答覆】的開頭，我也使用了幾種效果極佳的句子。

不想回答的問題①

【問題】您的缺點是什麼？

【標題答覆】我的個性很急。

【橋樑】不過，我認為這個缺點也算是一個優點。

【關鍵訊息】所謂個性很急，就是想到什麼就馬上付諸行動，雖然會有一些損失，但是比起什麼都不做，這種個性達成目標的可能性比較高。

不想回答的問題❷

【問題】我覺得A偷懶的個性是個很大的問題，您覺得呢？

【標題答覆】我不認為他很偷懶，他該做的事都有好好地完成。

【橋樑】雖然他都自己待在辦公室，但我覺得不能因此就說他偷懶。

【關鍵訊息】最近有許多企業會採取各種不同的上班模式，在家接案就是其中之一。或許可以討論看看什麼樣的上班模式才能讓他的實力得到發揮？

不想回答的問題❶

【問題】我是《○○報》的記者。請您提供在貴公司郵輪意外事故中不幸死亡以及受傷乘客的姓名、年齡與地址。

【標題答覆】在這個時間點，我們無法提供乘客的姓名等資料。等我們得到乘客本人或家屬的同意之後，我們才會對外公布。

【橋樑】這是根據個人資料保護法及敝公司內部規定所決定的規則。

【關鍵訊息】我們要向在這次意外中不幸過世的乘客及家屬致上最深的哀悼之意。此外對於受傷的乘客，我們除了表達最深的同情，也誠心祝福各位能夠早日康復。我們會嚴格遵守規定，保護各位乘客的個人資料。至於意外發生的原因，現在正積極地進行調查。

不想回答的問題❷

【問題】今天的《世界經濟報》報導貴公司即將併購托爾茲公司的消息，請問這是事實嗎？

【標題答覆】《世界經濟報》的報導是根據推測撰寫而成的。敝公司的原則是不針對推測性的報導進行任何評論。

【橋樑】為什麼呢？

【關鍵訊息】因為一旦對推測性的報導做出評論，無論該推測是否正確，都有可能對投資大眾及眾多相關人士，甚至行政單位造成非常大的困擾。

難以回答的問題❶

【問題】自從福島核災發生以來，核能發電的安全性便一直受到熱烈地議論。請問您認為核能發電安全嗎？

【標題答覆】我相信世上沒有人能抱著百分之百的確信斷言核能發電是安全的。關於這一點，無論是火力發電或是水力發電也都一樣。無論是什麼樣的發電方式，都不能說是百分之百的安全。

【橋樑】問題在於一旦發生意外事故，會造成多大的負面影響。

【關鍵訊息】與其他發電方法相比，核能發電一旦發生意外，將會造成毀滅性的影響，就像我們經歷過的福島第一核能發電廠意外一樣。在日本這個地震國家，還是有人想要發展核能發電，我實在無法理解這些人的想法。

難以回答的問題❷

【問題】從奧林巴斯假帳事件（編註：二〇一二年，奧林巴斯被揭發由高層主管做假帳，長期隱匿虧損的醜聞）來看，會計師事務所雖然能夠指出會計上技術性的問題，卻沒有力量阻止不法情事的發生。請問您有什麼看法？

【標題答覆】這個問題不是三言兩語就能回答的。像奧林巴斯假帳事件那種由公司經營高層刻意進行的舞弊案件，會計師事務所是很難揭發的。

【橋樑】無論如何，因為假帳事件而使得日本市場的公正性與透明性受到質疑，當然是件不好的事。

【關鍵訊息】在奧林巴斯假帳事件發生之後，金融廳從二〇一一年五月便開始重新檢討會計師的稽核基準，政府的目標是採用更容易發現不法的稽核程序。然而也有人認為，假帳之所以沒有被發現，並不只是稽核基準的問題，會計師事務所本身的想法也是個很大的問題。

沒有人知道答案的問題

【問題】請問您認為十年後日美中三國的關係會是如何？

【標題答覆】我想這個問題沒人有答案。

【橋樑】目前所能知道的，

【關鍵訊息】就是十年後，中國將成為媲美美國的經濟大國，美中兩國也會成為彼此的最大貿易對手國。另一方面，中國透過增強軍備，試圖以霸權侵略亞太地區的意圖，無論是對日本或對美國來說，都是相當令人憂心的事。站在我們的立場，我們只能期盼三個國家能夠維持共存共榮的關係，繼續發展。

惡意的問題

【問題】聽說貴公司屬於人力顧問業，簡單講也就是獵人頭公司囉？

【標題答覆】不是的。我們並沒有從事以有利的條件，從其他公司將幹部或技術人員挖角過來的工作。

【橋樑】為什麼呢？

【關鍵訊息】站在長遠的角度來看，挖角對於所有的企業都沒有任何好處，只會讓企業陷入永無止境的互相挖角戰爭當中。敝公司的工作，是針對想要換工作的人以及需要人才的企業雙方提供諮詢，並給予最適合的配對建議。

設下陷阱的問題

【問題】某航空公司的主管表示，在日本，空難事故的死傷人數比火車意外事故還要少，請問您會怎麼反駁？

【標題答覆】我不知道對方是依據什麼說出這句話的，因此我無法評論。

【橋樑】現在我能說的，

【關鍵訊息】就是鐵路公司永遠都將安全視為第一要務。包括航空公司在內，對於所有的大眾運輸公司來說，這都是最重要的。

無論如何，討論哪一種大眾運輸比較安全，對於大眾運輸公司來說都不是個好話題。研究調查公司等第三者進行研究或討論，是他們的自由，但我認為那不是當事者應該評論的事。然而，當我在媒體訓練課程中提出這個問題時，有許多學員都會問：「那是什麼時候的資料？」並開始主張自己所屬的大眾運輸比較安全。也就是說，大家都很容易掉入陷阱。

誘導式問題

【問題】〇〇部長所做的事情真是愚蠢。你不這麼認為嗎？在那個節骨眼突然中斷商談，不是讓所有的努力都白費了嗎？

【標題答覆】我沒有辦法判斷部長所做的事情是否愚蠢。不過，我們至今所做的努力，確實都化為泡影了呢。

【橋樑】無論如何，這場商談是由部長負責的。

【關鍵訊息】站在我們的立場，也只能服從部長的判斷了。

誤導式問題

【問題】在網路上也有販售的這款「普洱茶除老人臭肥皂」，現在非常暢銷。請問您覺得是為什麼呢？

【標題答覆】我對這款商品完全不了解，也不知道它是不是非常暢銷。

【橋樑】對於不知道的事情，我無法進行推測。

【關鍵訊息】如果它賣得很好，可能只是我不知道而已；如果它賣得不好，那麼您的問題就有誤導之嫌了。

除非是在法庭上，否則在一般的日常會話中，應該沒有人會這麼回答吧。這是在面對誤導性問題時，邏輯上最好的答覆範例之一。最重要的是，絕對不能順著對方的話，給予「可以去除老人臭啊。現在大家真的都在討論這個話題呢」之類的回應。這是為了避免在不知不覺中被強迫買下自己根本不想要的肥皂！

假設性問題❶

【問題】假如接下來的調查結果證實了高層的確也有涉案，您身為董事長，是否會負起責任辭職呢？

【標題答覆】現在不是討論我該不該辭職的時候。

【橋樑】關於這起事件，敝公司已請來第三者協助，嚴格執行內部調查。

【關鍵訊息】我現在最重要的職責，就是確保內部調查公開透明，並且提供相關調查機構最大的協助，更要找出這起事件的原因，擬定對策以避免再次發生相同的事情。

假設性問題❷

【問題】假如貴公司傾全力研發的系統在1年之內沒有賣出20萬台以上，請問您打算怎麼負責？

【標題答覆】二十萬台是我們的銷售目標，不是評斷我是否盡責的數字。

【橋樑】敝公司的所有員工以及我們經營高層正同心協力，努力達到銷售二十萬台的目標。

【關鍵訊息】我的責任是站在前方進行指揮，以求達成目標。我們會準備完善的售後服務系統，即使銷售量大幅超過了原定的目標，也不會讓客戶感到任何不便。萬一我們沒有達成目標，敝公司全體員工也會團結一致，打造一個更好的工作環境，以利我們朝著目標繼續努力。事實上，無論銷售量是十萬台、二十萬台或是三十萬台，敝公司的信念都不會動搖。

模糊的問題

【問題】經歷過日本三一一地震後，包括民眾受困於戶外無法回家的問題，身為大眾運輸公司之一，可否請您分享一下貴公司學到了些什麼。

【標題答覆】包括民眾受困於戶外無法回家的問題，我們也從三一一地震中學到了許多東西。

【橋樑】可以提出來的一點是，

【關鍵訊息】我們從震災發生之前就始終以乘客的安全為第一考量。未來我們也會繼續傾全力研究當這種規模的地震發生在大都市時，我們該如何維護乘客的安全，並思考可行的對策。

範圍太廣的問題

【問題】請說說您的人生觀。

【標題答覆】人生觀這個詞涵蓋的意義非常廣泛，無法用三言兩語說清楚。

【橋樑】如果能給我一個小時的時間，

【關鍵訊息】我便可以具體地將我的人生目標、我心目中的人生是什麼、人生在我心中的意義等完整說明。

範圍太廣的問題

【問題】請說說您的人生觀。

【標題答覆】不知道這算不算我的人生觀，不過我有好幾個座右銘。

【橋樑】其中我覺得最棒的，是將近二千五百年之前的人生觀！

【關鍵訊息】古希臘的哲學家蘇格拉底曾說：「幼時謙遜，弱時溫和，壯時公正，老時慎重」。我將這段話當做我的人生目標。

提問者的不當發言

【問題】貴公司是一間無視客戶的聲音、沒禮貌的公司。

【標題答覆】我們絕對沒有無視客戶的聲音。我們一直以來，都誠摯地聆聽客戶的意見。

【橋樑】這次讓您感到不愉快，我們感到非常抱歉。然而，造成您不愉快的原因其實是因為沒有即時聯絡上您。

【關鍵訊息】我們從三十年前開始，就以「客人就是神」當做精神標語，徹底執行員工教育訓練，希望能真心誠意地聽取客戶的意見。未來若您還發現有什麼不足之處，也請您不吝惠賜指教。

處理不當發言時，一開始就要明確否認

面對民眾負面意見或憤怒時，必須非常小心。遇見不同的狀況，就必須採取不同的應對方式。最忌踢皮球，應該讓受過訓練、能夠在顧及民眾情緒反應的狀況下進行回答的專家盡快出面解決。因此，上述的答覆範例絕對不是萬能的。最重要的是，假如我們被指為不當發言的事情並非事實，第一件事就是「**在一開始**

就明確否認」。

或許有些負責人認為只要鞠躬道歉就可以解決事情，但是客戶也可以把投訴電話的內容錄下來。客戶可以用錄音中的道歉言詞當做證據，主張你承認了自己的責任。我認為最重要的是，如果對方的主張並非事實，就不應該含糊其詞，一開始就應該清楚地加以否認。在這之後，再放入【橋樑】，並在【關鍵訊息】裡確切說明否認的根據是什麼。

勇敢承認失言，才是負責任的表現

十七年前我還在美國媒體訓練講師門下學習時，老師曾說：「處理不當發言時，最重要的是一開始就明確地否認」。當時我認為日本與美國在文化、習慣上都不一樣，所以在日本也許用稍微委婉的方式否認比較好。

然而，之後當我仔細觀察一些實際發生的失言事件中，被認為有錯誤報導之嫌的幾個案例後，發現**發言者都沒有在一開始就明確否認，等到事情發展變嚴重**

之後，才表示「我當初並沒有說過那種話」。例如前經產大臣鉢呂先生的「我要把輻射沾到你身上喔」的發言，就是一個例子。這時我才體認到我過去的想法是不對的，從此我便鼓勵大家在處理不當發言時，一定要在一開始就明確地否認。

PART 4

冷靜回話、說服各種人的五大關鍵

01

注意圍剿的前例

從錯誤中學習，不再重蹈覆轍

在「網路圍剿與媒體圍剿」（153頁）中，我針對「不引來圍剿的倒金字塔說話術」舉出了具體的提示。接下來我們要把重心放在如何不引來圍剿的準備工作上。首先是「注意遭到圍剿的前例」，只要把以前發生過的先例牢記在頭腦裡，就不會重蹈覆轍。網路上可以看到各種圍剿先例，我建議即將開始進行網路活動的各位，先確認過去發生的圍剿案例，並且隨時複習，永遠不要輕忽大意，以免陷入出乎意料的陷阱裡。

02

為問題量身打造「完美答案」

製作「預測問答集」

「預測問答集」是事先預測記者可能提出的問題，將問題列表後準備最適當的答案所製成的書面資料。在企業的新品發表會上，除了針對技術性問題回答，從社會倫理的角度思考的預測問題也是相當重要的。對企業來說，新品發表雖是一項正向的活動，但是誰也不能保證會不會被問到負面的問題。

我曾經協助外國的遊戲廠商進行宣傳活動。召開新遊戲軟體的發表記者會時，我一定會在預測問題集裡放入有關遊戲成癮，以及遊戲暴力與性的問題。

可將數據資料製作成小講稿，邊確認邊說

我認為預測問答集不應該是帶上台的東西。要是翻閱預測問答集的影像在電視或網站廣泛流傳，不但不好看，更有可能帶給觀眾「回答很沒誠意」、「這個人沒有身為負責人的能力和自覺」、「簡直像是傀儡」等負面印象。這麼一來，記者的提問就會變得更尖銳。

預測問答集應該要在記者會前仔細閱讀並牢記在腦海中。**遇到像數字等難以記住的內容時，可以將其統整在紙上，需要時再將視線移向手邊的紙張，邊確認邊說。**這麼一來，就會讓人留下「這個人是有備而來的」、「這個人說話很誠實」的印象。假如只是照著講稿唸，就會給他人留下不好的印象。

預測問答集沒有特定的形式，不過如果能結合在本書第二部分的「冷靜回話術」（175頁）與「如何回答令人傷腦筋的問題」（193頁）中所學到的內容，就能製作出一目了然的預測問答集。

也就是說，**說明式的答覆可以用【標題答覆】↓【導言答覆】↓【細目答**

覆】的型態來回答；而回答「令人傷腦筋的問題」時，則使用【標題答覆】↓【橋樑】↓【關鍵訊息】回答。

從方便使用的觀點來看，還有幾點建議。首先是根據發言者所扮演的角色，分別準備預測問答集。例如，董事長、技術部門主管及業務主管等三人要在記者會上發言，那麼就在預測問題集上用螢光筆作記號，將【標題答覆】與【導言答覆】作記號的版本交給主發言人（董事長）；有關技術及業務問題的【細目答覆】則分別交給該部門主管。

確保發言一致、避免互有出入的方法

讓所有人都能理解的記者會提問形式，就是由董事長針對所有的問題進行【標題答覆】與【導言答覆】，只有在被要求做出更詳細回答的時候，董事長才把發言權交給負責的部門主管。只要遵守這個形式，便能避免出席者發言互有出入的醜態。

記者會上如果只有一個人發言，只要以【標題答覆】與【導言答覆】為中心，在必要時添加一些【細目答覆】即可。透過這樣的分工，就不會製作出厚厚一大本的預測問答集了。如果再放入幾個跳脫常理的預測問題，便能提高應對突發問題的免疫力。

除了記者會之外，我也建議經常演講或是活躍於網路上的人，也都該準備預測問答集。此外，在公司開會或在推銷商品的活動中，如果能先把預設的問題寫下來，事先準備好適當的答覆，就能避免失言。不僅如此，還能確保發言內容的前後一致。

準備簡報時，通常都會站在「如何說明清楚」的角度來擬定策略，但有時如果**站在「遇到什麼樣的問題時，該怎麼回答」的立場進行準備，簡報能力便會大大提升。**

03

面對突發問題時
態度冷靜沉著，才能表現專業

預測問答集是強而有力的靠山，但是如果記者突然問了一個受訪者完全沒有意料到的問題，這時該怎麼應付呢？假設前來採訪的記者隸屬於報紙或雜誌等文字媒體，便不需要太擔心。**先向對方說「請讓我思考一下」，在腦中將答案整理清楚後再回答也無妨。如果被問到一個完全不懂的問題，也可以回答「請讓我回去查一下，再回覆您」**。記者會結束後，再透過E-mail或電話聯絡記者即可。如果有人能夠在一旁協助，當場請求他協助後再回答，也不會有問題。媒體想要的並不是敷衍答案，而是正確且負責任的答案。

在電視上也是一樣，如果在攝影機前沉思或是向別人求助，這樣的鏡頭一旦被播出，觀眾就可能對說話者產生嚴重的誤解。

例如十個問題中，九個問題都回答得非常好，只有一個問題一時語塞。如果只有這個語塞的畫面被播出，觀眾就可能認為說話者很無能。除非有事先決定，否則媒體要使用採訪過程中的哪一個片段，都是媒體的權利。

面對突如其來的問題時。**萬一露出了「糟糕、這下傷腦筋了、我根本沒想過」的表情，這些表情在觀眾心中留下的印象一定比言語還要深刻。**一般而言，有可能損及受訪者形象的畫面，電視台是不會播出的，但是如果事件的背後有很大的問題，那就另當別論了。

在道歉記者會上，若是因為燈光照射而流出的汗水被特寫，會讓人看起來宛如邊冒冷汗邊說話；若是其實只是便宜貨，但款式稍微華麗了一點的手錶被特寫，看起來則像是暴發戶般。彷彿在說「糟了」的神情、不小心的發言、不謹慎的一舉一動，都逃不過攝影機的捕捉。

判斷「問題的對象」是誰

迅速回答突發問題的技巧就是**判斷問題本質所針對的人是誰**。事實上突發問題大多是詢問別人的問題。這時，只要回答「這個問題不應該由我來回答，請您去詢問〇〇」，那麼【標題答覆】便完成了。【橋樑】和【關鍵訊息】就算沒有很流暢地繼續說下去也無妨，因為觀眾會仔細聽的是【標題答覆】。

我曾經在電視上看到好幾位農會代表，在被問到在核災發生後，食品中放射性物質的暫定限制值「是否太嚴苛」時，露出一臉困惑的表情。我想這對他們來說，應該是出乎意料的問題。雖然「是否太嚴苛」這個問題是向農會代表詢問的，但這個問題的本質，應該是針對政府才對。**這時只要回答「那是政府應該判斷的事」，接著便可說明其他細節。**

回答關鍵訊息必須「毫不猶豫」

二〇一〇年二月，豐田汽車的董事長豐田章男先生，在當時CNN的招牌節目《賴瑞金現場》（Larry King Live）中接受金先生的專訪。當時豐田在美國遭受嚴厲的抨擊。（編註：因為豐田汽車的瑕疵問題）金先生問道：「關於這次的事件，您的祖父豐田喜一郎先生會怎麼想呢？不知道他會多麼失望呢。」

這個問題對章男先生來說，想必是個出乎意料之外的問題吧。

如果換作是你，**在面對這個意想不到的問題時，就應該立刻判斷這個問題的本質並非針對自己**。在這個例子裡，只要以「雖然祖父已經過世，我想這個問題還是要問他本人比較好」作為【標題答覆】，那麼【橋樑】和【關鍵訊息】便自然會出現。這時章男先生毫不猶豫地做出了以下的答覆：

「我相信他一定會要求我發揮領導能力，想辦法找回客戶對豐田汽車的信賴。」面對這個意想不到的問題，他竟然能不假思索地回答【關鍵訊息】，真是個完美的答覆。

不要開玩笑，也不要反問

如果出乎意料之外的問題本質並不是針對第三者，而是針對自己，又該如何應對呢？以結論來說，就只能努力迅速而誠懇地回答了。不要開玩笑比較保險。

有位求職的大學生，在被問到「最近讓你感到最高興的事情是什麼？」時，先是困惑了一下，接著便回答「我夢見被貴公司錄取了」。我認為這真是個絕妙的答覆，但是卻沒能受到面試官的青睞。面試官或許認為他用開玩笑的態度面對問題吧。

另一個典型的意外問題，就是被問到一件完全不懂的事情。倘若是不知道也沒關係的事情，那麼直接說「我不知道」也無妨；**但如果是與說話者的專業領域相關的事情，那麼就應該要好好處理，盡量避免讓對方或觀眾認為你很無知。**

老實承認「我不知道」，斬斷追問的可能性

在媒體訓練課程中，我也會針對這種案例進行應對訓練，但是老實說，並沒有一種應對方法是萬能的。我們只能看著模擬面試的錄影，依照每個人不同的狀況討論最好的應對方法。

一般而言，老實地承認「我不知道」是斬斷追問最好的做法。視情況不同，也可以回答「因為這不是我的專業領域，所以我不便在此評論」，聽起來也很自然。一旦反問對方「那是什麼？請告訴我」就等於陷入了萬劫不復的深淵。因為提問者在進行簡單的說明之後，一定會繼續追問。

關於該如何應對出乎意料之外的問題，我自己也曾經從學員身上學到一課。故事是這樣的。相信各位都聽過甲烷水合物，也就是天然氣的主成分——甲烷，在深海中凍結成冰的型態。新聞報導日本近海的海底蘊藏大量的甲烷水合物，只要在有經濟效益的狀況下開採，日本就可能成為天然能源大國。

大約在五年前，甲烷水合物還沒成為話題時，我在一間能源進口公司進行媒

體訓練，模擬訪談時加入了「假設甲烷水合物已經可以開採，並有經濟效益，日本因此成為了能源大國，那麼貴公司會怎麼辦呢？」這個題目，讓他們練習應對意想不到的問題。

當時絕大部分的人都回答「甲烷……我不知道」、「那是什麼？」只有一個人做出了以下的回答：「雖然這不是我的專業領域，但是我認為要在有經濟效益的狀況下開採新的能源，應該還需要一段時間。在那之前，敝公司還會繼續發展。到那個時候，敝公司應該已經成為一間除了進口能源之外，也能出口能源的公司。」

在場的每個人都感到佩服，稱讚他知識淵博。然而，他卻緊接著坦承：「甲烷水合物是什麼？我從來沒聽過！」於是哄堂大笑。大家七嘴八舌地笑道：「你簡直可以拿奧斯卡金像獎男主角了，太厲害了！」

他突然一臉嚴肅地說：「這個問題並不是在問大家什麼是甲烷，對吧？重點是問，如果能夠在符合經濟效益的狀況下開採新的能源，公司要怎麼辦對吧？雖然我不知道甲烷究竟是什麼東西，可是日本成功開採新能源，成為能源大國這種事，絕對不可能在近期發生不是嗎？」

身為講師的我也不禁深感欽佩。**回答時必須針對問題的本質。即使問題中有不懂的詞彙，也不要慌張地放棄答覆，害怕丟臉，因為對方並不是在問你那個詞的意思。**

04

避免被迫採取守勢

永遠比對方早回答，就能拿到主導權

教導我媒體訓練的外籍講師，總是不厭其煩地重複強調：「**在記者會及媒體訪談成功的祕訣，就是由說話者掌握主導權。不可以讓記者主導整場訪談。**」這個道理我雖然明白，但是一直到了很久之後，我才真正理解到底有多麼重要。

很多人都以為媒體訪談就是回答記者的問題。如果問題都很正面，那當然沒有關係，但是如果一直持續回答接連而來的負面問題，便會失敗。道歉記者會就是一個很好的例子。一旦認真回答接踵而來的負面問題，就會讓觀眾覺得這是一間糟糕透頂的公司。不斷回答負面的問題，等於站在防守的立場，而主導權也被握在記者的手中。這麼一來，不單單是公司形象受損，失言的風險也會變高。

八年前我在一間跨國企業擔任公關顧問；當時那間公司公開表示他們將在美國發售攜帶式音樂播放器。那是蘋果公司推出 iPod 後的事情了。雖然那間公司並沒有考慮在日本販售，但是或許有人會想要直接進口；此外，雖然是在美國發售，也可以利用這個機會提升企業的形象。因此，雖然沒有大陣仗地召開記者會，但他們決定個別接受專門雜誌以及曾經表示過興趣的一般報社的採訪，介紹這個新產品。當時的美國總公司指示，如果被問到相關問題，必須回答「我們尚未決定是否會在日本發售」。

當時雖然還沒正式發售，但是在美國已經有許多試用報告被刊載在網路或雜誌上。然而，當中並沒有特別正向的報導。當我們準備接受日本記者採訪時，預設了很多基於美國媒體那些負面報導所提出的問題。

訪談的流程，是由負責人先使用投影片介紹產品，再接受提問。不出所料，記者接二連三提出了參考國外報導的負面問題。負責人根據事前已經熟讀的預測問題集，即使面對負面的問題，也非常仔細地逐一用自己的話答覆。

對方若掌握主導權，一定會用負面問題猛攻你的弱點

乍看之下，他似乎表現得非常好，但是接連回答了幾個負面問題後，說話者在不知不覺中便完全退居守勢。**我們事先準備好的正面回應，例如這個產品的優點等，完全沒有被提問。換言之，也就是主導權落入了記者手中。**

記者不可能在一問一答之後就滿意。一旦當他發現負責人的答覆中有弱點，就會集中火力攻擊。這麼一來，負責人就必須更努力地防守，答覆也變得像是在找藉口似地軟弱無力。

記者的誘導式問題是致命一擊：「日本已經有許多廠牌的攜帶式音樂播放器在市面上販售，競爭非常激烈。對於一個感覺賺不了多少錢的產品，像貴公司這種大規模的公司，應該不會想在日本市場投入資源吧？」

事後，負責人告訴我，當時他自己也覺得「糟了」，但是卻彷彿被牽著鼻子

走一樣，脫口而出回答了「我們也有這樣考慮」。這是他的失言，他應該回答「我們尚未決定是否會在日本發售」。

這就是掌控指導權使訪談失敗的例子。這位負責人本來是位非常優秀的人；可是一旦被迫居於守勢，就會出現這樣的狀況。

主動說，讓對方根據你的發言來提問

美國總統選舉在投票前，會舉辦三次候選人辯論會（公開討論會）。在二〇一二年的總統選舉，歐巴馬在第一場辯論會上始終居於守勢，讓人覺得他的辯論不夠精采，於是民調立刻下滑，同時被評論為在辯論會上輸給了他的對手羅姆尼。在第二次和第三次的辯論會上，歐巴馬開始積極地採取攻勢，於是得到一致好評，認為他在辯論會上遙遙領先羅姆尼。

「先下手為強」、「攻擊就是最好的防禦」也適用於訪談、討論或議論的時候。在訪談時，雖然不能攻擊記者或面試官，但即使是負面的內容，被問了之後再回答和自己主動說出來，是完全不一樣的。

在攜帶式音樂播放器訪談中，經過了第一次的失敗後，我便決定讓負責人在接受提問前，先主動說出美國媒體上的負面報導，並做出評論。評論的內容是根據預測問題集裡的答覆所寫成的，因此以內容來說，其實和第一次訪談時的回答相同。然而，一旦搶得了先機，情況就有了戲劇性的變化。因為**面對已經說明過的事項，記者便很難再提出問題**。就算想要追問，問題也不會那麼尖銳。從此之後，負責人便從頭到尾都掌握著主導權。

回話、訪談時一定要「先下手為強」。只要是自己能說的，就要比對方早一步先說。這麼一來，對方往往都會根據你的發言來提問。首先，**應多說一些正面的事，將對方的問題引導至自己擅長的領域。至於負面的事項，如果是對方應該不知道的弱點，便不用先說出來**；但如果是眾所皆知的弱點，或是對方有可能會問到的負面事項，則可先和反駁一起提出，如此便對保住主導權有極大的助益。

05

準備評語的重點

適時加入幽默感，好印象大增

許多媒體訓練講師會請學員準備「sound bite」。sound是「詞彙」，bite則是「咬」的意思。「sound bite」是在七〇年代誕生於的單字，意指媒體從演講、訪談、記者會等錄音、錄影當中挑選出的令人印象深刻的短句。例如直接切入主題核心的句子、幽默的一句話，或者是能讓人感受到發言者溫暖的一段評論，都是很棒的sound bite。有時在報導中只會重複播出sound bite的部分，有時sound bite甚至會成為流行語。

前首相小泉先生是一位公認的sound bite名人。例如「沒有組織改革，就沒有成長」、「反對我的內閣方針的勢力，全都是抵抗勢力」、「我要摧毀自民黨！」等，小泉先生知名的sound bite，可說不計其數。

回答愈簡短，愈讓人印象深刻

嚴格來說，說話者自己是無法製作sound bite的，因為那是媒體挑選出來的東西。此外，媒體也會利用負面的評語製作sound bite。在福島第一核能發電廠意外事故中經常被使用的「出乎意料」，就入選了二〇〇五年的「U-CAN新語・流行語大獎」，在其他人的發言中，還有「我和你是不一樣的」、「芥川獎的候選作品，全都愚蠢至極」、「只要買下北方領土就好了」等，無論是胡言或是失言，全都成了sound bite。

如果想在記者會上獲得sound bite，就應該針對你認為「在這次面對媒體時最重要的問題和答案」，也就是針對特定的預測問題，思考出結合了含蓄與幽默、同時令人印象深刻的簡短句子，融入答覆中，然後等待發言的機會。

後記

活用「倒金字塔」說話，溝通超順利

本書從各種角度探討「為什麼你說的話，總是會被對方誤解？」這個疑問，並介紹許多防止誤解的提示和對策。其中最大的問題就在於平常習慣使用的「時序性」說話方式，並提出依照「重要性」敘述的倒金字塔說話方法作為有效的解決對策。

只要使用「倒金字塔」敘述，我們所說的話就會變得非常容易理解，同時可以避免引起誤會，並且輕鬆說服任何人。根據我十七年來擔任媒體訓練講師的經驗，有超過一千位的學員表示，當他們看見影片中用倒金字塔方式說話的自己時，都驚訝得目瞪口呆。

相信各位讀者們看到這裡，一定已經明白，用倒金字塔方式說話一點也不難。只要抱著強烈的意志，告訴自己「我要用倒金字塔說話」，任誰都能做得到。為了不造成誤解、不引來圍剿，由衷地期盼各位善用倒金字塔說話術，從此與他人溝通都能更加順利。

山口明雄

職場通 職場通系列019

結論說得漂亮，說服力100%

誤解されない話し方　炎上しない答え方

作　　者　山口明雄
譯　　者　周若珍
主　　編　陳鳳如
封面設計　許晉維
內文排版　菩薩蠻數位文化有限公司

出版發行　采實出版集團
行銷企劃　黃文慧・王珉嵐
業務發行　張世明・楊筱薔・賴思蘋
法律顧問　第一國際法律事務所　余淑杏律師
電子信箱　acme@acmebook.com.tw
采實官網　http: //www.acmestore.com.tw
采實文化粉絲團　http: //www.facebook.com/acmebook

ＩＳＢＮ　978-986-5683-51-1
定　　價　280元
初版一刷　2015年05月28日
劃撥帳號　50148859
劃撥戶名　采實文化事業有限公司
100台北市中正區南昌路二段81號8樓
電話：（02）2397-7908
傳真：（02）2397-7997

國家圖書館出版品預行編目資料

結論說得漂亮，說服力100%／山口明雄作；周若珍譯-初版- -
臺北市：采實文化,民104.5　面；公分.--（職場通系列；19）
譯自：誤解されない話し方　炎上しない答え方
ISBN　978-986-5683-51-1（平裝）

1.說話藝術　2.口才

192.32　　104006088